Gabriele Gildeggen

Der Traum vom Bauernhof

Gabriele Gildeggen

Der Traum vom Bauernhof

Von der Stadt aufs Land in ein neues Leben

Die automatisierte Analyse des Werkes, um daraus Informationen insbesondere über Muster, Trends und Korrelationen gemäß § 44b UrhG (»Text und Data Mining«) zu gewinnen, ist untersagt.

Bei Fragen zur Produktsicherheit gemäß der Verordnung über die allgemeine Produktsicherheit (GPSR) wenden Sie sich bitte an den Verlag.

1. Auflage 2025
© 2025 – GMEINER studio
in der GMEINER-Verlag GmbH
Im Ehnried 5, 88605 Meßkirch
Telefon 07575/2095-0
info@gmeiner-verlag.de
Alle Rechte vorbehalten

Herstellung: Julia Franze
Bildbearbeitung/Umschlaggestaltung:
unter Verwendung der Aquarellbilder von Gabriele Gildeggen
Fotografie der Aquarelle: Tamara Belser
Druck: Florjančič tisk d. o.o., Maribor
Printed in Slovenia
ISBN 978-3-7801-1014-5

Für Rainer und alle Freunde, die Teil meines Lebens sind.

INHALT

DER TRAUM VOM BAUERNHOF	9
GESAGT – GETAN	12
BAUARBEITER	14
DAS LEBEN ÄNDERT SICH	16
LUXUS FÜR ISLÄNDER	17
REGEN IM GEWÖLBEKELLER	20
DER ROTE BLITZ	22
TSCHÜSS DESIGNER-HAUS	25
SECHSUNDVIERZIGTAUSEND SCHINDELN	26
INGRID MARIE UND IHRE FREUNDE	28
EIN OFEN MIT INNEREN WERTEN	30
EIN ALTES HAUS BEWEGT SICH	33
SCHMUTZ UND GRÜNDLICHKEIT	34
USCHI UND DIE MÄUSE	35
AUSMISTEN	37
STURM BEI BARNABY	38
SCHNEEFALL	40
DIE WEBERS	43
LICHTERGLANZ UND TANNENBAUM	45
BRAUCHTUM	47
FREUNDE IM FRÜHLING	49
WEISSE EIER	52
HÜHNERPFLEGER	53
HAHN IM BILD	55
SPARSAME SCHWABEN	58
DAS JUWEL	60
ALTROSA	63
MALKURSE	65
TIBRA	68
MUT UND FREIHEIT	71
NUTZ – UND HAUSTIERE	73
EINKAUF IM INTERNET	75
SVANUR	77
ERDBEWEGUNG	79
TEICHLEBEN	82
JAMIE	86
INTERNETFREUNDE	89
HASEN	92
URLAUBSFREUDEN	94
LEBENSRETTER IM EHRENAMT	97
DAS TIMING MACHT'S	100
PONYS MIT PERSÖNLICHKEIT	103
STACHELN UND SCHNECKEN	104
STILLE	107
EPILOG	109

DER TRAUM VOM BAUERNHOF

Das Telefon klingelt und ich wache auf. Der Raum ist lichtdurchflutet. Mit der ganzen Kraft des Frühsommers strahlt die Morgensonne durch die verglaste Ostseite unseres Schlafzimmers. Es ist viertel vor acht. Draußen im terrassierten Garten – unser Haus liegt an einem ehemaligen Weinberg eines mittlerweile doch recht städtisch gewordenen Vorortes von Karlsruhe – explodiert das Grün. Die Vögel verteidigen lautstark ihre Nistplätze: ein recht beachtliches Konzert.

Das Telefon klingelt weiter, man sollte endlich drangehen, doch in diesem Raum gibt es kein Telefon. Nicht hier im Schlafzimmer, in den unteren zwei Stockwerken schon, da würde es durchklingeln. Hier oben aber ist Ruhe. Was ich höre, gibt es nicht. Ich kenne das schon, Augen auf und mein Körper ist im Arbeitsmodus, überreizt vielleicht von den sechzehn-Stunden-Tagen, übermotiviert durch meinen geliebten Werber-Job. Langsam.

Rainer, mein Mann, und Monty, unser Hund, sind schon längst auf ihrem Morgenspaziergang. Ich schaue noch ein paar Minuten ins Grüne und höre den Vögeln zu. Gleich werde ich in der großen Wohnküche beim Frühstücken den Tagesplan durchdenken und schon beginnt im Erdgeschoss unseres Hauses, in meinem Werbeatelier, der Arbeitstag: am großen Schreibtisch sitzen, vor der riesigen Fensterfront mit Blick hinunter auf den Ort, ein Firmensignet entwickeln, eine Hauszeitung gestalten, eine Anzeigenkampagne entwerfen, weiter an einer Image-Broschüre arbeiten, einen Comic-Character für eine Werbeaktion zeichnen, am späten Nachmittag kommt ein Kunde mit Assistent, um neue Jobs zu bringen, davor den großen Besprechungstisch leer räumen, Kaffee kochen, Arbeitsliste aktualisieren, Termin mit einer Druckerei ausmachen, um 22 Uhr muss ein Layout per *Overnight Express* zum Kunden nach Hamburg, noch die letzten Seiten einer Konzeption heruntertippen – übermorgen ist Präsentation in Frankfurt –, morgen bin ich mindestens einen halben Tag weg im Fotostudio, und davor muss ich noch dringend das Auto volltanken …

Ich bin meine Sekretärin, meine Putzfrau, der kreative Kopf, die Kundenberaterin, studierte Grafik-Designerin, neununddreißig Jahre, verheiratet, keine Kinder. Mein Atelier besteht aus mir und einigen zuverlässigen freien Mitarbeitern und Lieferanten. Ich lebe für meinen Beruf und meine Kunden machen mir die Arbeit leicht, sie sind fair, offen und zahlen pünktlich. Das kann so weitergehen. Oder nicht?

Oder nicht? Seit einiger Zeit gibt es da ein Lieblingsthema, wenn mein Mann und ich zusammensitzen: der eigene Bauernhof – Aussteigen – Natur. Das Reden darüber tut so gut, Pläne schmieden macht richtig viel Spaß und gute Laune.

Nun ja, so einfach wie das Träumen ist, so schwierig wäre das Realisieren. Im Ernst, ich würde dann wohl meinen Beruf aufgeben müssen. Aber sollte ich das nicht sowieso in naher Zukunft? Schon mit Mitte vierzig kann ich mich nicht mehr als jung, dynamisch, kreativ verkaufen, da bin ich unter Umständen älter als manche meiner Kunden. Und habe ich dann noch die gleiche Energie, könnte ich mein jetziges Arbeitstempo beibehalten? Bestimmt nicht, das ist mir schon klar.

Die Vorstellung vom glücklichen, stressfreien Landleben ist sehr verlockend und wird gerade in vielen Magazinen, die in ihrer Menge wie Pilze aus dem Boden schießen, gefeiert. Diese herrlich gestylten Hochglanzseiten von ländlicher Idylle als Wirklichkeit zu betrachten, wäre sicherlich gefährlich naiv. Das weiß ich schon.

Tatsache aber ist, dass Rainer und ich unsere Freizeit immer in gleicher Weise verbringen. Wir wandern oder reiten mit unseren Islandpferden aus, immer begleitet von Kurzhaarcollie Monty. Jeden freien Tag sind wir mit unseren Tieren in der Natur unterwegs. Das ist es doch, was wir wollen. Da irren wir uns sicher nicht.

Unser Haus würden wir verkaufen und nach einem Hof mit angrenzenden zwei bis drei Hektar Land suchen. Mein Mann würde seinen Vielflieger-Job als Jurist bei einem großen Pharmakonzern aufgeben und eine Professur an einer hiesigen Hochschule anstreben. Ich würde als Nebenerwerbslandwirtin für Hof und Tiere sorgen. Ein kleiner Traktor müsste her zur Weidepflege, ein Offenstall für die Ponys …

Alles machbar, wie es geht, haben uns Freunde im vorletzten Jahr gezeigt. Sie haben im Hotzenwald einen alten, denkmalgeschützten Hof gekauft, in einem Jahr saniert und sind mit ihren Islandpferden dort sehr glücklich.

Wie habe ich Ulla und Jürgen beneidet bei unserem letzten Telefongespräch. Ich saß am Schreibtisch, etwas unter Zeitdruck, um eine Broschüre fertig zu layouten. Sie waren gerade dabei Weidezäune zu ziehen, auf einer wunderbar blühenden südschwarzwälder Wiese in sanfter Hanglage, oberhalb ihres schmucken Bauernhauses.

Sie waren im Paradies, ich bei der Arbeit. Was hätte ich dafür gegeben, zwischen Koppelzäunen stehen zu dürfen. Damals brauchte ich etliche Minuten, um mich wieder zufrieden auf meine Arbeit konzentrieren zu können.

GESAGT – GETAN

Ungläubige Blicke unserer Gäste sind auf uns gerichtet. »Wir haben gedacht, das wäre nur so eine verrückte Idee, so ein Traum, den ihr bei eurer vielen Arbeit halt mal so braucht. Ihr habt das wirklich gemacht?«

Es ist Juni, vier Jahre später. Die Freunde Birgit und Ralf sitzen mit uns auf der Dachterrasse unseres Hauses. Es gibt selbst gemachte Antipasti und einen kühlen französischen Riesling. Rainer hat gerade die Neuigkeit verkündet. Wir haben einen Bauernhof gekauft.

Nach langer, intensiver Suche haben wir das richtige Objekt gefunden. Es ist ein großes, dreistöckiges Wohngebäude mit riesiger Scheune daneben und genügend Land drumherum. Ein typisches Haus im Nordschwarzwald, Holzständerbauweise, Außenfassade geschindelt, viele dicht stehende Fenster rundum, ausreichend Raumhöhe und von der Bausubstanz noch ganz gut erhalten. Reiche Bauern haben vor vielen Jahrzehnten ordentliches Holz und stabile Balken verbaut. In der angrenzenden, vierstöckigen Scheune standen zwanzig Kühe. Die gigantischen Heuböden brauchte man für das Futter im Winter, das lose gelagert wurde und viel Platz einnahm. Von handlichen, gepressten Heuballen wusste man damals noch nichts.

Das Wohnhaus hätte gerne etwas kleiner sein können, dass die Scheune separat steht, ist gut. So werden wir kein Problem mit den Altlasten der Tierhaltung haben, dem Ammoniak in den Stallwänden, wenn Stall in Wohnraum umgebaut werden müsste. Das ganze Objekt ist ziemlich heruntergekommen. Es muss komplett saniert werden. Wir haben vor dem Kauf eine ansässige Architektin beauftragt, die ganze Immobilie zu prüfen und die Kosten für die Sanierung zu kalkulieren. Es ist machbar.

Der Bürgermeister der 2.500-Seelen-Gemeinde, die aus sieben kleinen Ortschaften besteht, bemüht sich sehr um uns als Neubürger und rechnet uns das Anwesen noch schöner. Hier ist man froh über Zuzug und für diese leer stehenden, dem Verfall ausgesetzten Höfe, sind Pferdeleute genau die Richtigen. Solche blauäugigen Idealisten kümmern sich auch noch um die alten Streuobstwiesen, die der ansässige Landwirt sich weigert zu mähen.

Unser neues, baufälliges Zuhause liegt zwanzig Autominuten von Freudenstadt entfernt, in einem Dörfchen mit dreißig Häusern. Eigentlich ist es kein Dorf, sondern eher ein Weiler aus Einzelhöfen in angemessenem Abstand zueinander. Die meisten der Einwohner betreiben nur noch nebenbei die Landwirtschaft und besitzen Wald, manche viel Wald. Wir haben uns vor dem Kauf gleich beim Gemeinderatsmitglied unseres angedachten Heimatörtchens vorgestellt und bei den eventuellen Nachbarn von gegenüber auch. Sie sind freundlich und sehr nett zu uns. Ich glaube, alle sind froh, wenn der heruntergekommene Hof verantwortungsvolle und vor allem zahlungskräftige neue Besitzer bekommt. Vielleicht hält man uns auch für verrückt, sich so einen alten, großen Kasten ans Bein binden zu wollen. Dieser Umbau wird Jahre und ordentlich Geld kosten.

»Und dieses tolle Haus hier gebt ihr einfach so auf. Ihr bewohnt es doch erst seit neun Jahren, es ist von eurem Architekten doch perfekt auf euch zugeschnitten worden. Und Gabi, was ist mit deinem Atelier, machst du es dicht?« Die Freunde sehen mit scharfem Verstand, welche Konsequenzen unser Kauf nun nach sich ziehen wird. Ja, ein neuer Lebensabschnitt beginnt, und wir sind uns sicher, dass er jetzt beginnen soll. Denn jetzt sind wir körperlich noch topfit und können zupacken.

BAUARBEITER

Ich stehe in der Durchfahrt unserer riesigen Scheune. Ein alter Holzbalken trägt die Initialen des Zimmermannes, der hier einst gewirkt hat, und die Jahreszahl 1833. In dieser Zeit hat man sicher auch den Boden mit den großen, exakt behauenen Sandsteinplatten ausgelegt. Sie liegen, wenn auch manche gebrochen sind, immer noch passgenau an Ort und Stelle. Über mir befinden sich vier Stockwerke, galerieartig angeordnet lassen sie den Blick bis ganz nach oben frei. Obwohl Jahrzehnte alte Heureste, Spinnweben und Staub eindeutig dokumentieren, dass seit vielen Jahren keiner mehr irgendein Interesse an diesem Bauwerk hatte, wirkt es auf mich gewaltig und stolz.

Vom ersten Moment an war meine Freude über den Besitz dieses Gebäudes am größten. Viele Jahre später wird es mit intaktem Gewölbekeller, sanierten Sandsteinwänden und schön gepflegtem Innenfachwerk wieder eine vielversprechende Zukunft haben als Heu- und Holzlager, Maschinenhalle, Pferdehänger-Garage, Werkstatt, Schmiedeplatz und Gartengeräte-Schuppen. Es wird drei geräumige Pferdeboxen beherbergen, Fledermäuse und jedes Jahr eine Rotkehlchen-Familie.

Anfang Mai beginnen wir den ersten Arbeitstag als Bauhandwerker. Ausgestattet mit alten Jeans, Gartenhandschuhen und festem Schuhwerk machen wir uns an den Umbau des ehemaligen Ziegenstalles. Er wurde nachträglich an die Scheune angebaut und bietet sich mit seinen 200 Quadratmetern Grundfläche, den zwei Eingängen, fünf großen Fenstern und dem intakten Pultdach als idealer Laufstall für unsere drei Islandpferden an. Die Außenfläche davor wird ein Paddock werden mit Treibgang zu den angrenzenden Wiesenflächen. Perfekt.

Würde uns im Moment irgendein Profi-Handwerker sehen können, wie wir unbedarft und schlecht ausgerüstet antreten, um diesen riesigen Hof zu sanieren, er hätte Tränen des Mitleids in den Augen. Aber es sieht uns keiner im Ziegenstall. Wir stehen gut gelaunt inmitten von kleinen Abteilen, die aus massiven Holzbrettern zusammengenagelt wurden. Etwa acht dieser Mini-Ställe gibt es, ein Freiplatz, wo offensichtlich mit Milch hantiert wurde, und an beiden Seiten des rechteckigen Raumes eine Tür nach draußen. Ein guter Pferde-Laufstall soll zwei Ausgänge haben, damit ein rangniederes Pferd in jeder Situation dem ranghöheren ausweichen kann. Also prima, das mit den zwei Ausgängen.

»Glaubst du Kvistur passt durch die linke Tür?« Kvistur ist ein temperamentvoller, kleiner Braunfalbe. Als Islandpferd, im Alter von acht Jahren, viel zu spät vom Hengst zum Wallach gemacht, tendiert er ab und an zu übertriebener Aufgeregtheit. Er ist schlau, mutig, der Chef der kleinen Herde und zu dick! Ich stelle mir sein rundes Bäuchlein vor und fürchte, es passt niemals durch die schmale Tür. »Keine Ahnung, müssen wir ausmessen.« Also Aufgabe: wenn wir wieder bei unseren Ponys im Pensionsstall im Kraichgau sind die Bauchbreite ermitteln. Im schlimmsten Fall müssen wir die Tür größer machen, also Backsteine und Putz aufhauen. Hoffentlich ist das Pony schlanker als wir denken oder die Tür breiter als sie aussieht. Es zeigt sich schnell, dass die Tür weitaus größer ist, als gedacht.

Wir arbeiten vier Tage lang am »Entkernen« des Ziegenstalles, bis alles leer und sauber ist. Profis hätten das an einem Tag geschafft. Aber immerhin sind wir sehr gründlich, sammeln alle rostigen Nägel ein und schichten die alten Bretter zu einem großen Stapel wertvollen Brennholzes auf. Der passende Kachelofen wird im Wohnhaus noch gebaut werden. Begleitet hat uns bei der Arbeit die ganz intensive Erinnerung an das kleine Völkchen, das hier einmal zuhause war. Ziegen riechen, selbst nach Jahren der Abwesenheit, bemerkenswert intensiv und streng.

Teil zwei des Vorhabens Pferdestall ist die Entfernung einer abgehängten Decke. Sie besteht aus zweckentfremdeten, schlampig hochgenagelten, alten Zimmertüren. Was sich darüber befindet, ahnen wir schon: altes Stroh als Dämmmaterial. Die Ziegen und der Ziegenhalter wollten es wohl im kalten, langen Schwarzwaldwinter etwas wärmer haben. Und so stehen wir vor einer Deckenisolation nie gesehener Einzigartigkeit.

Das Arbeiten auf einer Leiter und über Kopf stellt weit höhere Anforderungen an den Hobby-Handwerker als erwartet. Beim Ziehen der vielen Nägel aus den harten Hölzern der vergammelten Türen läuft das Blut aus den Händen, die Kraft versiegt und die gute Laune verabschiedet sich gleichermaßen. »Langsam, langsam, das alles soll ja noch Spaß machen und kein Stress sein.« Ich drücke meinem tapferen Mann ehrliches Mitgefühl aus. Er arbeitet im Akkord, um die erste Tür herunterzubekommen. Ich als Geselle, mit fünfzig Kilo und kaum ausreichend Muskelmasse in den Armen, soll helfen, die Tür abzustützen. Es gelingt mir sogar einigermaßen und wir werden nicht von ihr erschlagen, als sie knarrend auf dem Boden aufschlägt. Stattdessen ergießt sich ein Konfetti-Regen aus staubigem, gehacktem Stroh über unsere Köpfe.

Großer Tusch und frenetischer Applaus: Sie haben gewonnen und dürfen weiterspielen.

Nach dem Entfernen von insgesamt acht Türen, dreißig verdreckten Brettern und geschätzten 400 rostigen, langen Nägeln ist der Luftraum nach oben offen. Vor uns liegen die gesunden, schönen Deckenbalken einer Fachwerk-Konstruktion, die den Druck des Daches auf beeindruckende Weise freitragend über eine Länge von 15 Metern gleichmäßig verteilt.

Wow! Ein Loft für die Ponys.

DAS LEBEN ÄNDERT SICH

Während unsere Pferde auf ein Luxus-Zuhause hoffen dürfen, haben Rainer und ich uns eine kleine Ferienwohnung im Nachbarort angemietet. Die langen Fahrten von Karlsruhe, über achtzig Kilometer zum Hof jeden Tag, sind zu aufwendig. Und die lückenlose Präsenz der Bauherren auf der Baustelle – das haben wir schon beim Bau unseres ersten Hauses gelernt – ist unabdingbar.

Unter der Woche ist Rainer nun an vielen Tagen im Haus in Karlsruhe und bei seinen Studenten an der Hochschule. Einer muss ja Geld verdienen. Ich kümmere mich im Schwarzwald um Baufortschritt und Materialbeschaffung. Immer weniger Jobs warten in meinem Werbeatelier noch auf Bearbeitung und Abwicklung, sodass meine Anwesenheit sich dort auf wenige Stunden in der Woche reduziert hat. Man scheint mich in der Werbeszene langsam zu vergessen.

Manchmal, wenn ich in Karlsruhe bin, sitze ich auf der breiten, offenen Granittreppe im großen Eingangsbereich unseres Architektenhauses. Glas, Stahl, bodentiefe Fensterfronten, Galerie, Dachterrasse. Alles, was ich um mich herum sehe, gefällt mir ausgesprochen gut. Es ist ein tolles Haus mit meinem schicken Design-Büro.

Ich frage mich, warum es mir scheinbar überhaupt nichts ausmacht, das alles hier aufzugeben, warum es mich nicht stört, gerade in einer kleinen, dunkel eingerichteten Ferienwohnung zu nächtigen. Habe ich vielleicht noch gar nicht realisiert, dass ich mich sehr bald von diesem schicken Zuhause trennen muss? Habe ich noch nicht begriffen, dass ich gerade dabei bin, mein Werbeatelier abzuwickeln, mich von meinen langjährigen Kunden für immer zu verabschieden, mein berufliches Netzwerk aufzugeben, schon bald arbeitslos zu sein?

Ein entschiedenes Nein meiner inneren Stimme beendet die kritische Selbstbefragung. Ich freue mich auf die Zukunft, auf ein ganz neues Leben, auf die Realisierung eines Traumes.

Den ersten Beweis, dass ich fortan auf schicke Statussymbole verzichten kann, liefere ich gefasst und entschlossen kurze Zeit später. Wir verkaufen meinen Geschäftswagen, ein BMW-Cabrio mit schwarzen Ledersitzen und ordentlich PS.

Dort, wo wir nun leben werden, gibt es von Dezember bis März viel Schnee, manchmal sehr viel Schnee und ein allradangetriebenes Fahrzeug ist die richtige Wahl. Da es gleichzeitig als Baufahrzeug dienen soll, entscheiden wir uns für einen gebrauchten, kleinen Suzuki-Jeep in forstgrün. Nach kurzem Studium der recht einfachen Betriebsanleitung bin ich überzeugt, dieses robuste Teil sogar selbst reparieren zu können und entwickle spontan größtes Vertrauen. Nach Ausbau der Rücksitze, zur Vergrößerung der Ladefläche, hat auch unser Collie genügend Platz, um mit mir die täglichen Besorgungen machen zu können.

Ich bemerke, dass ich mit diesem Auto ein ganz neues Selbstbewusstsein entwickle, vom erfolgreichen Yupi zum alternativen Aussteiger.

LUXUS FÜR ISLÄNDER

Dass der Schwarzwald auf 700 Höhenmeter nicht nur viel Schnee, sondern auch viel Sonne bieten kann, erfahren wir in unserem ersten Sommer. Auf dem Dach unseres zukünftigen Wohnhauses turnen oberkörperfrei die ortsansässigen Zimmerleute. Offensichtlich unbeeindruckt von ihrem schwindelerregenden Arbeitsplatz, decken sie das Dach ab und werfen die Ziegel mit Schwung in den Hof. Wir Ex-Städter schaufeln die zerborstenen Teile in eine Schubkarre und schütten die Fläche um den zukünftigen Pferdestall, die zum großzügigen Paddock werden soll, damit auf. Perfekte Drainage zum Nulltarif. Unsere Schufterei bei Vollsonne und 29 Grad bringt uns Sonnenbrand, Muskelkater und Anerkennung bei den Handwerkern ein. Wer hart arbeitet, der kann nicht so verkehrt sein. So denkt man hier im Nordschwarzwald.

Während die Profis einige Tage später schon beim Abreißen der Schindelfassade unseres Wohnhauses sind und sündhaft teure Schuttmulden beladen, lassen wir Schotter und danach Forstmischung – ein Bodenbelag wie man ihn von Waldwegen kennt – anliefern. Unser Allround-Handwerker Volker, Lehrmeister für viele kommende Jahre, hat einen Rüttler mitgebracht, und so entsteht der Bodenbelag für den Paddock. 300 Quadratmeter Allwetter-Auslauf für die Islandpferde.

Die Inneneinrichtung des Stalles, bestehend aus einem Futtergang entlang der Fensterfront und einer komfortablen Liegezone aus wasserdurchlässigen, dicken Gummimatten, ist schon fertig. Dass der Ziegenstall in der Mitte bereits zwei Rinnen mit angeschlossenem Abflussrohr hatte, kam uns sehr gelegen und ermöglicht nun das einfache Durchspülen der Matten und einen perfekten Wasserablauf. Wie es sich später zeigen wird, pinkeln die braven Pferde ausnahmslos draußen in den Paddock-Sand. Da spritzt es nicht, und man hält ja seine vier Wände sauber. Danke Ponys! Die fehlende Notwendigkeit von Stroh-Einstreu bedeutet für uns null misten und null Ammoniak-Belastung in der Luft.

Leider gibt es noch keine Frischwasserleitung zum Stall, und so müssen wir wohl für die erste Zeit eine große Regentonne, sicher im Futtergang platziert, mit einem Schlauch vom Haus aus befüllen. Eine Regentonne draußen, die Dachwasser sammelt, empfiehlt sich eher nicht, die Ponys brauchen die Mineralien des Trinkwassers tief aus der Erde. Boden, Wände und staubiges Holz im hohen Innenraum werden gründlich »gekärchert«, die Fenster geputzt. Als Beleuchtung haben wir dezentes Warmlicht gewählt. Zwei Salzlecksteine an der Wand montiert, komplettieren die Ausstattung der Luxus-Suite. Zeit zum Einzug …

Barbara und Bertram, langjährige Reiterfreunde, besuchen uns regelmäßig auf der Baustelle. Nicht nur in Sachen Islandpferde, sondern auch wenn es um das Bauhandwerk geht, sind sie sehr interessiert und helfen gerne. Mal bekommen wir ihre Arbeitsleistung, mal einen Sack Mörtel, der in ihrem Haus von einer früheren Renovierungsaktion übrig geblieben ist, mal einen gut gemeinten Rat. Bertram ist Physik-Professor. Durch diese akademische Ausbildung überqualifiziert, aber dem Freundschaftsdienst verpflichtet, hat er für uns vor einigen Wochen die ersten provisorischen Stromleitungen und Lampen an die Stellen von Scheune und Stall montiert, wo wir ganz dringend Arbeitslicht benötigen. Da ihn einfache Lösungen grundsätzlich nicht fordern, bekamen wir zum neuen Licht auch noch zugehörige Fernbedienungen an die Hand. Leider verlegen wir im Durcheinander der vielfältigen Ereignisse und Aktivitäten viel zu oft die »Drückis« und stehen all abendlich erst mal im Dunkeln.

Auch die Pferdeweiden haben wir im Frühsommer gemeinsam eingezäunt. Eckpfosten aus widerstandsfähigem Akazienholz gesetzt, Drähte gespannt, das elektrische Weidezaungerät im Stall installiert und den wichtigen Erdstab vergraben.

Heute sind Fahrdienste gefragt. Am frühen Morgen waren Rainer und ich mit unserem Rettenmeier-Islandpferde-Hänger schon nach Gondelsheim zu unseren Ponys unterwegs gewesen. Sie ahnten noch nicht, dass sich an diesem Tag ihr Lebensumfeld für immer ändern würde.

Kvistur, der kleine Braunfalbe mit Führungsqualitäten, und Snot, eine Graufalb-Stute, wollten wir zuerst verladen. Die beiden kennen sich schon lange und stehen im Pensionsstall nachts zusammen in einer großen Box. Beide stapften lieb und voll Vertrauen in den Hänger und verschwitzt und angespannt nach zwei Fahrstunden wieder heraus. Neugierig und vorsichtig erkundeten sie den Paddock, den Stall, fanden die Wassertonne und den Ausgang zur Weide, und plötzlich gab es kein Halten mehr. Mit wilden Bocksprüngen fegten zwei glückliche Vierbeiner auf die große, saftige Wiese. Aller Stress fiel ab, ihre Welt war in Ordnung und ganz sicher auch die ihrer Besitzer.

Nun machen sich Bertram und Rainer auf den Weg Pferd Nummer drei zu holen: Sori, ein großer Fuchs, mein erstes Pferd, gerade 26 Jahre alt geworden und seit 17 Jahren mein treuer Freizeitpartner. Ihn zu bekommen, war auch die Realisierung eines Traumes. Damals, nach den ersten zwei Berufsjahren, nach dem Einzug mit Rainer in die erste gemeinsame Wohnung, nachdem mein Gehalt so ordentlich war, um die Verantwortung für ein Pferd übernehmen zu können, habe ich ihn nach gründlicher Suche gefunden, im Saarland am Grenzlandhof. Mein perfektes Pferd. Der Junior-Chef des Gestüts hatte ihn damals, eine Woche nach meinem Kauf, zum Wiesenhof ins Albtal gebracht, wo sein neues Zuhause sein sollte. Sori durfte sich in einer Box mit gefüllter Heuraufe vom Transport erholen, und ich stand schweigend neben ihm. Ich habe ihn beobachtet, sein ruhiges Mahlgeräusch beim Zerkauen des Heus gehört, konnte meine Augen keinen Moment von ihm nehmen, fuchsrot, eine weiße Blesse und eine blonde Mähne. Ich war überglücklich und mochte es kaum glauben. Dieses schöne Pferd war mein Pferd, ich besaß ein Pferd. Solche bewegenden, übergroßen Glücksmomente vergisst man nie, sie gehören einem für immer und sind ein großer Schatz. Nun zieht Sori noch einmal um, nun werden wir beide jeden Tag zusammen sein.

Gerade höre ich meine innere Stimme, wie sie den Frauen-Versteher-Kommentar jedes Reiterinnen-Ehemannes zum Besten gibt: »Ach ja, Mädels und Pferde!«

Auch Sori hat die Fahrt ganz mutig und ruhig absolviert und speziell für ihn wartet eine Überraschung. Sein bisheriges Pferdeleben hat er in Wallach-Gruppen zugebracht. Er war immer ranghoch und souverän im Umgang mit anderen Artgenossen, aber nun wird er plötzlich mit einer Stute zusammenwohnen. Hallo! Es braucht zwei Tage bis wir die Veränderung bemerken. Sori wirft sich mächtig ins Zeug, bewegt sich stolz, versucht zärtlichen Kontakt zu Snot aufzunehmen, wiehert ihr leise entgegen und bekommt freundliche Antwort. Aber, da man als Wallach in fortgeschrittenem Alter durchaus abgeklärt und vor allem längst ahnungslos geworden ist, wenn es um Fortpflanzung geht, bleibt die Liebe platonisch. Vielleicht zum Ärgernis der Stute, die nun mit zwei ahnungslosen Ex-Hengsten zusammenleben soll.

Doch bei genauer Betrachtung ist Ruhe und Harmonie in der »Familie« ganz viel Wert. Kvistur kennt keine Eifersucht und akzeptiert großzügig die neue Situation. Keiner der drei ahnt, dass in naher Zukunft ein früh zum Waisenkind gewordener dreijähriger Wallach Snot als Mutterersatz betrachten und für sich vereinnahmen wird und eine junge, schicke, braune Stute ihr Herz an Kvistur verliert …

REGEN IM GEWÖLBEKELLER

Im Alltag bewähren sich Stall, Paddock und Weidezäune bestens, die Pferde fühlen sich wohl, und wir können unsere ganze Energie in die Sanierung des Wohnhauses stecken.

Zwischenzeitlich ist das Dach gedeckt. Rote Doppelfalz-Ziegel hatten wir ausgewählt. Unsere Zimmerleute turnen nun einige Meter tiefer auf dem Baugerüst, das unser ganzes Haus umgibt. Die alte Schindelfassade ist heruntergerissen und das nackte Gebäude, das gerade aussieht wie ein intaktes Fachwerkhaus, wird mit einer Außendämmung versehen. Das wärmende Kleid muss perfekt sitzen und wird sorgfältig angepasst. Darüber kommt die Verkleidung aus Holzbrettern, auf die wiederum die Schindeln genagelt werden. 46.000 Stück werden es sein. Doch noch haben andere Dinge den Vorrang.

Im Erdgeschoss, wo früher hinter einem riesigen Holztor etliche Landmaschinen ihren Platz fanden, mauert Volker mit Ytong-Steinen eine 70 Quadratmeter große Wohnung hinein. Ihr Glanzstück wird eine hohe, verglaste, zweiflügelige Terrassentür und eine wohlige Fußbodenheizung sein. Das mit der Heizung war ein guter Tipp von unseren Freunden im Hotzenwald: »Macht ins Erdgeschoss auf jeden Fall eine Fußbodenheizung und Fliesen, sonst habt ihr ewig kalte Füße.« Natürlich folgen wir dem Ratschlag der Freunde. Eine Fachfirma für Sanitär und Heizung bekommt den Auftrag und schließt ihn termingerecht ab. Unser immer gut gelaunter Fliesenleger mit dem besonderen Auge für Abstände und waagerechte Linien verlegt uns terracottafarbene quadratische Fliesen. In einer Woche wollen wir aus der Ferienwohnung im Nachbarort in die eigene Erdgeschosswohnung umziehen und danach ganz in Ruhe das erste Obergeschoss für uns ausbauen.

Rainer kommt gerade mit einem Gesichtsausdruck, der nichts Gutes verheißt, aus einem der Gewölbekeller. Wir haben zwei davon, sehr beeindruckende, große Räume. »Katastrophe! Es regnet im Keller!« »Was, das gibt es doch nicht.« Ich bin mehr als irritiert und verstehe nur Bahnhof. »Komm schnell, und schau dir das an.« Zehn Sekunden später stehen wir beide unter dem mächtigen Tonnendach des vorderen Gewölbekellers. Aus seiner gesamten Länge tropft Wasser in schnellem Rhythmus durch die Sandsteine. Auf dem Boden haben sich schon Pfützen gebildet. Nicht schlimm, wenn man weiß, dass durch das Haus früher bei Starkregen ein kleiner Fluss hindurchlief, dem man ein richtiges Bett aus Sandsteinen gemauert hatte. Schlimm aber, wenn das Wasser aus der Decke kommt und damit aus dem Stock darüber, aus der Einliegerwohnung. Notruf an Volker, unseren Bauexperten. Notruf an unsere Sanitärfirma. Kurze Zeit später stehen drei weitere Leute im Regen im Gewölbekeller. Woran liegt's? Welche Wasserleitung ist defekt? Alle sind neu, alle müssten o.k. sein. Ist es die Fußbodenheizung? Müssen wir die gerade verlegten Fliesen wieder herausreißen? Gemeinsam beschließen wir, erst einmal den Haupthahn der Wasserleitung abzustellen. Langsam lässt der Regen nach. An diesem Abend laufen wir noch oft in den Gewölbekeller. Die Pfützen trocknen langsam ab.

Glück im Unglück erwartet uns am nächsten Morgen. Die Fachfirma röntgt die Fußbodenheizung und findet einen beschädigten Anschluss unter der Tür des Badezimmers. Fünf Fliesen müssen weggeschlagen werden. Nach einer Stunde ist die schadhafte Verbindung repariert. »Da muss einer brutal draufgetreten sein, nachdem wir mit unserer Arbeit fertig waren und die Leitungen noch offen lagen. Wir haben ja alles durchgeprüft, alles war in Ordnung«, verteidigen sich die Sanitärleute. Ich denke daran, diese Firma für den weiteren Ausbau unserer Hauptwohnung auszutauschen und erspare mir einen Kommentar. Auch Rainer schweigt und denkt das gleiche. Schließlich sind wir froh, dass der Schaden mit überschaubarem Aufwand behoben werden kann und unsere weitere Terminplanung noch Gültigkeit hat. In zwei Tagen wird die Küche angeliefert und installiert werden, das Badezimmer muss in vier Tagen fertig sein. Wir haben den großen Massivholz-Buchentisch aus meinem Atelier für die Essecke, niedere Büroschränke für den Wohnbereich, offene Regalwände für das Kleiderzimmer, unsere Betten, Geschirr, Handtücher, Kleider, Verwaltungsordner, Computer, Drucker, Faxgerät in den Schwarzwald geholt. Am Ende werden die 70 Quadratmeter gnadenlos zugestellt. Aber wir feiern glückselig einen historischen Moment. Wir wohnen auf dem eigenen Bauernhof. Nach einem Jahr Bauarbeiten ist das erste Ziel erreicht. Wir sind vor Ort. Glücklich und nur 30 Schritte vom Stall unserer Pferde entfernt, umgeben von eigenen Wiesen, mitten in herrlicher Natur.

Die Wirtin unserer Ferienwohnung freut sich mit uns, ist aber verständlicherweise auch traurig, dass ihre so angenehmen Dauerferiengäste, die meistens außer Haus waren, nun gehen. Ich habe die Wohnung noch gründlich geschrubbt – man will sich ja nichts nachsagen lassen – und dann tauschen wir kleine Geschenke aus und wünschen uns alles Gute. Man sieht sich.

Am nächsten Morgen laufe ich, begleitet von Monty und einem wunderbaren Hochgefühl, über unsere Hoffläche zum Stall hinüber, begrüße die Ponys und fühle mich ganz als Landwirtin. Noch immer hat ein Pferdestall nichts von seiner Faszination für mich verloren. Der Geruch der Tiere, das entspannte Schnauben, das Geräusch von flinken Hufen auf festem Boden … Auch das Fegen des Stalles und Absammeln der Pferdeäpfel auf dem Paddock wird nie Arbeit, sondern immer Hobby für mich sein. Sori, Kvistur und Snot dürfen auf die Wiese. Ich öffne die Paddocktür und die kleine Herde stürmt den Treibgang entlang. Im schnellen Galopp, mit wilden Bocksprüngen erreichen sie die große Weide, wälzen sich genüsslich und beginnen zu grasen. So sieht Glück und Zufriedenheit für Ponys aus.

Rainer und ich fühlen uns in etwa genauso.

Damit uns allen diese wichtigen Seelenzustände erhalten bleiben, reiten wir regelmäßig mit den Pferden aus. Entspannung pur. Das dritte Pferd kommt als Handpferd mit und Monty ist der allerbeste Reitbegleithund. So erkunden wir unser unmittelbares Umfeld, freuen uns an den guten Waldwegen, an den weitläufigen Wiesen, die unser Nachbar Gerhard, der Bio-Landwirt, mit seinen 60 Angus-Rindern beweiden lässt und an den herrlichen Ausblicken ins Tal. 200 Meter unterhalb unseres kleinen Weilers liegt die Nagoldtalsperre. Zum Schutz vor den damals häufigen Überschwemmungen der Ortschaften im Tal wurde sie 1971 als riesiges Auffangbecken für Regen- und Schmelzwasser in Betrieb genommen.

Bei warmen Temperaturen und einem kräftigen Regenschauer bildet sich oft eine riesige Wolke über dem See, die am Ende unserer Wiesen aus dem unsichtbaren Talkessel wie ein Ufo auftaucht und nach oben wächst. Ein dramatisches Bühnenbild der Natur.

DER ROTE BLITZ

Viele unserer städtischen Freunde kommen nun gerne am Wochenende bei uns vorbei, um diese Natur zu genießen. Der Baufortschritt wird besichtigt und die Neuigkeiten aus unserer alten Heimat mitgeteilt. Manche packen auch mit an und wollen sich als Bauhandwerker versuchen. »Habt ihr nicht einen großen Hammer, ich fühl' mich grad' nach Wand einreißen.« »Besen zu mir, es gibt doch immer was zu fegen.« »Die alte Tapete hole ich runter wie nichts.« Die kurzen, kraftvollen Aktionen enden in langen, gemütlichen Kaffeestunden oder finden ihren Abschluss bei einem geselligen Abendessen in einem der zahlreichen Gasthäuser in der Nähe.

Seit kurzem haben wir den Freunden eine besondere Attraktion zu bieten: Trecker fahren.

Dass wir auf der Suche nach diesem unentbehrlichen Gerät für unsere Weidewirtschaft sind, haben wir kurz im »Flecken« – die Einheimischen meinen damit die Ortschaft – kundgetan, und schon war unser Anliegen bei jedem bekannt. Der erste beeindruckende Beweis, wie schnell sich auf dem Dorf Neuigkeiten verbreiten.

Rudi, ein im Ruhestand befindlicher Landwirt, kommt einfach mal so vorbei. Die Nordschwarzwälder drängen sich ja nicht auf, und man kümmert sich grundsätzlich nur um seine eigenen Sachen. »Ich hab' zufällig mitbekommen, dass ihr einen Schlepper sucht. Ich hätte da einen, funktioniert noch ganz gut. Mit dem bin ich aufgewachsen, ein Linde-Güldner. Ich hänge zwar sehr an ihm, aber ich würde ihn euch geben, wenn er hierbleibt. Ihr dürftet ihn auf keinen Fall weiterverkaufen. Und ich will auch noch Zugriff haben, falls ich ihn noch brauche. 1.500 Euro müsste ich dafür bekommen.« Rudis etwas gequälter Gesichtsausdruck ist gerade der Tatsache geschuldet, dass er ein »waschechter Schwabe« ist, da hat man immer zu klagen. Das Leben ist halt hart.

Rainer und ich wissen, dass er noch einen großen, modernen Traktor besitzt, dazu ein buntes Arsenal an weiteren landwirtschaftlichen Geräten, eine Herde Coburger Füchse – das sind hübsche Schafe mit rot-braunen Gesichtern –, etwas Weideland und Wald. Also kein Grund, ihm mitleidsvoll noch einen Hunderter auf sein Angebot obenauf zu legen. Erwartet er, dass wir versuchen, ihn im Preis herunter zu handeln?

Feilschen ist nicht unser Stil, und so kaufen wir einen recht ramponierten, aber funktionstüchtigen, 60 Jahre alten Schlepper. Der »Rote Blitz« kommt zur Generalüberholung in die Werkstatt von Herrn Morlock, dem Landmaschinen-Spezialisten zwei Ortschaften weiter, und wird von uns sofort in Dienst gestellt. Rudi leiht ihn kein einziges Mal mehr aus.

Zehn Jahre später lässt Rainer unseren treuen Schlepper komplett überarbeiten und Herr Morlock liefert ein Meisterstück ab. Mit neuen Original-Ersatzteilen, lackiert im originalen Güldner-Rot, erstrahlt der Linde-Güldner als piekfeiner Oldtimer in neuem Glanz.

»Damit könnt ihr doch jetzt nicht mehr aufs Feld.« Was die Nachbarn meinen, ist, dass das schöne Gerät nur noch zu Sonntagsfahrten auf der Straße genutzt werden sollte. Einfach so, um das tiefe, sonore Motorengeräusch zu hören.

Unser schöner Roter Blitz tut aber lieber das, was seine Bestimmung ist: er mulcht die Wiesen und zettet unser Heu. Und wenn Freunde zu Gast sind, tuckert er mit ihnen tatsächlich ab und an im leuchtenden Rot mit sonorem Sound den Feldweg entlang.

TSCHÜSS DESIGNER-HAUS

Auf der Straße verbringen Rainer und ich immer noch viel Zeit. Es ist ein unentwegtes Hin und Her zwischen unserem Karlsruher Haus und dem Schwarzwald-Hof. Wir fahren nach Karlsruhe wegen der Arbeit, den Eltern, Geburtstagsfeiern und anderen netten Einladungen unserer »alten Freunde«. Wir wollen ja keinesfalls unser soziales Netzwerk aufgeben. So weit aus der Welt sind wir ja auch nicht gezogen.

Auf den Rückfahrten ist das Auto jedes Mal vollgepackt mit tausenderlei Umzugsgut, dessen Existenz uns hin und wieder vollkommen unbekannt ist. »Was sich da so alles angesammelt hat.« »Gehört das wirklich uns? Noch nie gesehen.«

Langsam werden wir auch etwas nervös, was den Verkauf des Stadthauses betrifft. Unser Makler hat bis jetzt keinerlei Anstrengungen unternommen und so geben wir den Auftrag an eine Maklerin, deren Eloquenz, Temperament, Umtriebigkeit und positive Ausstrahlung keinen Zweifel an ihrem Verkaufstalent zulässt.

Unser Architektenhaus am Hang, mit vier Stockwerken und siebzig Treppen von der Garage bis zur Dachterrasse, ist auf uns zugeschnitten: viel offener Raum, kaum genügend abgeschlossene Einzelzimmer für eine größere Familie. Auch tausend Quadratmeter teilweise terrassierte Gartenfläche muss man pflegen wollen.

»Unser Haus ist eben nicht von der Stange, und wir warten auf Leute, die genau so etwas wollen. Geduld, die finden wir schon.« Ich beruhige Rainer, der besorgt unsere Finanzen im Auge hat.

Und tatsächlich, die umtriebige Maklerin bestellt uns schon nach einer Woche zu einem Ortstermin mit einem interessierten Ehepaar. Die beiden gehen zwanzig Minuten durch unser Designer-Haus und kaufen. »Wir wollten vor acht Jahren mit ihrem Architekten bauen, was leider nicht geklappt hat. Dieses Haus ist richtig gut und das große Büro im Erdgeschoss brauchen wir ganz dringend.« Zur Bestätigung des Kaufentscheides werden wir von ihnen in ihr Ersthaus, ganz in der Nähe, eingeladen und mit Champagner bewirtet. Eine sehr vertrauensbildende Maßnahme. Der Verkauf geht schnell und problemlos über die Bühne.

Wir Verkäufer sind erleichtert, ab sofort finanziell den Rücken frei zu haben, die Käufer sind glücklich über ihr schönes, neues Haus und die Maklerin zerspringt vor Freude über den höchstmöglichen Stundensatz ihres ganzen Lebens.

SECHSUNDVIERZIGTAUSEND SCHINDELN

Mittlerweile ist es Juli geworden und Herr Kirn, ein Handwerker vom alten Schlag, hat sich bereit erklärt, unser Haus zu schindeln. In guter, alter Tradition wird er jede einzelne Schindel mit genau zwei Nägeln auf die Bretterwand der Fassade klopfen. Ein Haus zu schindeln heißt, ihm eine Fischschuppenhaut zu geben, und die Kunstfertigkeit des Handwerkers erkennt man an der Ausführung von Anschlüssen und Fensterumkleidungen. Unser Herr Kirn macht das sehr gut. Als junger Mann muss er durch eine gnadenlose Schule gegangen sein. Ich habe noch nie einen Menschen getroffen, der so hart mit sich selbst ist. Jeden Morgen um acht Uhr klettert er auf das Gerüst, sitzt bis um zwölf dort bei der Arbeit, wechselt an unseren großen Tisch im Hof und isst das mitgebrachte Vesper. Unser frisches Mineralwasser oder gar eine Schorle lehnt er ab und bedient sich lieber aus seiner Thermoskanne. Punkt zwölf Uhr dreißig klettert er wieder hoch an seinen Arbeitsplatz, den er Punkt siebzehn Uhr verlässt, um am nächsten Morgen wieder Punkt acht Uhr vor Ort zu sein.

Nur zwei Situationen können seine eiserne Disziplin erschüttern: Möglichkeit eins, es regnet heftig, Möglichkeit zwei, ein Bekannter kommt an unserem Haus vorbei und man kann ein Schwätzchen halten. Da in unserer Gemeinde die Alteingesessenen alle miteinander verwandt oder mindestens bekannt sind, kommt Möglichkeit zwei doch deutlich häufiger vor als Möglichkeit eins. Dann wendet sich Herr Kirn, ohne seine Arbeitsposition auffallend zu verändern, ein klein wenig seinem Gesprächspartner auf der Straße zu, verliert dabei seine Arbeit aber keinen Moment aus den Augen. Wir erleben einen multitaskingfähigen Mann.

Ein ähnlich beeindruckendes Urgestein ist Herr Walz vom Nachbarort. Er wohnt alleine in einem kleinen Häuschen mit angeschlossener Werkstatt und macht uns die Schindeln. Er füllt sie in selbstgezimmerte stabile Holzkisten, viele Holzkisten, denn er produziert sehr viele Schindeln für uns. 16 x 6 cm groß ist so eine »Fischschuppe« mit abgeschrägtem, rundem unteren Rand. Er stanzt sie aus dünnen Fichtenbrettern. Historisch fertigte man Schindeln aus Holzresten. Keine Schindel glich exakt der anderen, jede wurde handgeschnitzt. Heute kommen Schindeln als industrielle Massenware aus Billig-Lohn-Ländern auf den Markt. Nicht unsere Schindeln. Sie sind noch ein bisschen handgemacht und haben zudem einen beachtlich kurzen Transportweg hinter sich, ganze zwei Kilometer von Werkstatt zu Baustelle. Herr Walz ist mit Freude bei der Sache, kann er doch seine Rente etwas aufbessern und ist gerade ein wichtiger Mann, von dem so einiges abhängt. Jede Schindel, die er fertigt, wird von uns in eine Lösung getaucht, die das Holz gegen Pilzbefall schützt. Nach dieser Behandlung wird sie zum Trocknen aufgestellt und zum Schluss wieder in die Holzkiste sortiert. Die volle Holzkiste landet dann bei Herrn Kirn auf dem Gerüst und er greift sich Schindel für Schindel heraus und nagelt jede mit zwei gezielten und dosierten Hammerschlägen auf die Bretterverkleidung der Hausfassade. Unter den Fenstersimsen wird mit einem kunstvollen Strahlenmuster aufgedoppelt.

Jeden Abend gehe ich still und heimlich um das Haus und sammle eine Menge Schindeln und unversehrte Nägel wieder auf. Was Herrn Kirn bei der Arbeit auf dem Gerüst aus den Händen fällt, bleibt einfach unten am Boden liegen. Ich führe die gefallenen Materialien wieder dem Produktionsprozess zu und habe ein gutes Gefühl dabei. Niemals würde ich mich trauen, dies in Anwesenheit von Herrn Kirn zu erledigen.

Sechs Wochen wird gestanzt, getaucht, genagelt. Sechs Wochen funktioniert die Logistik wie geschmiert. Nach sechs Wochen ist unser Haus komplett geschindelt und sieht umwerfend aus. 46.000 Schindeln schützen und schmücken das Gebäude wie zu historischen Zeiten. Ein ganzes Jahr soll nun Wind und Wetter auf die Fassade einwirken, dann darf ich – was für eine Freude für den Designer – die Farben aussuchen, mit denen das Holz abschließend gestrichen wird.

Ein kleines bisschen wehmütig fühlt es sich an, als Herr Kirn sich nach so langer Zusammenarbeit von uns verabschiedet. »Die wollen, dass ich das umgebaute Naturschutzzentrum auf dem Ruhestein noch mache. Aber wenn die sich jetzt nicht beeilen, dann ohne mich. Ich frier mir doch nicht den Arsch ab da oben.« Er hat recht, der Ruhestein liegt auf tausend Meter Höhe, und da kann es Ende August schon mal ziemlich kalt werden. Wie wir später erfahren, hat er den Auftrag doch noch angenommen und glücklich zu Ende gebracht. Es war sein letztes Werk, das er der Nachwelt hinterlassen hat. Vielen Dank, Herr Kirn, für Ihr vorletztes. Handwerker wie ihn gibt es nicht mehr viele.

INGRID MARIE UND IHRE FREUNDE

Der Herbst kommt. Unsere alten Obstbäume färben sich gelb und rot in allen Schattierungen. Sie tragen unzählige Äpfel oder Birnen. Bis auf wenige Ausnahmen schmecken die Früchte nicht so toll. Entweder sie sind einfach nur zuckersüß oder sie sorgen für ein unangenehmes, pelziges Gefühl auf der Zunge. Manche sind sauer, als müssten sie jeder Zitrone zeigen, was Sache ist.

Das Obst ist zum großen Teil Mostobst. Alle Dörfler, die solche Bäume besitzen, sammeln fleißig die Früchte ein und bringen sie in großen Jutesäcken zum Pressen. Es gibt Apfelsaft und es gibt Most. Aber da Rainer und ich weder am einen noch am anderen Getränk viel Freude haben, dürfen Äpfel und Birnen auf unseren Wiesen einfach nur so vom Baum fallen. Plopp, Plopp.

Die durchziehenden Stare, genauso wie unser Rabenkrähen-Paar mit Nachwuchs, erfreuen sich daran. Die Igel haben es leicht, sich ein Winterpolster anzufuttern, Rehe, Hasen, Dachse, Füchse, Wildbienen, Wespen und Nacktschnecken bekommen auch ihren Teil vom Kuchen ab.

Ein Nachbar holt sich von uns die Birnen eines großen, alten, aber noch kerngesunden Baumes. Es sind Palmischbirnen. Siegbert hat ein Brennrecht auf seinem Hof und eine nagelneue kupferblitzende Brennanlage. Er produziert einen herrlichen Birnenbrand, sehr fruchtig, sehr rund. Wir haben einen Vertrag mit ihm. Wir, die »Stoffbesitzer«, liefern unser Obst und er, der »Brennereibesitzer«, erzeugt den Alkohol. Es gibt als Ertrag eine »Ausbeute« und eine »Überausbeute«. Was damit passiert ist ganz genau geregelt. Unser Vater Staat verzeiht keine Liederlichkeiten, wenn es um legale Suchtmittel geht.

Unsere Ponys sind froh, dass von Staats wegen der Verzehr von Fallobst für sie steuerfrei ist. Leider verweigern wir ihnen den freien Zugang zu diesem Genuss. Sie wissen einfach nicht, wann es genug ist. Sie stehen unter den malerisch bunten Bäumen in der Herbstsonne, warten auf das Plopp, senken ihre Nase tief ins Gras, nehmen die vollreife Frucht auf, heben den Kopf und beginnen mit dem gewaltigen Anpressdruck ihrer Backenzähne auf den Inhalt ihres Maules einzuwirken. Rechts und links aus den Maulspalten tropft der üppige Saft zu Boden. Die Zunge schafft es nicht, den himmlischen Nektar vollständig aufzufangen. Und es schmeckt gut, sehr gut sogar. So gut, dass der besorgte Tierhalter, aus Angst vor drohender Kolik und anwachsendem Übergewicht, die Ponys nur auf der obstbaumlosen, zwei Hektar großen Heuwiese ohne Aufsicht weiden lassen kann. Dort, wo seit Ende Juni, als Heu gemacht wurde, wieder ausreichend Gras nachgewachsen ist.

Auch für die Vierbeiner gilt: manche Köstlichkeit ist in Mengen genossen ungesund, in Maßen aber eine großartige Sache. So sammeln wir ausreichend Äpfel ein, die sich im Gewölbekeller gut lagern lassen und haben bis März immer einen schönen Vorrat zum Apfelkuchen backen und Ponys beglücken.

Rainer, beseelt von dem Gedanken die Lücken unserer Streuobstwiesen wieder komplett zu schließen, wird in den nächsten fünf Jahren etwa vierzig Jungbäume – alte Sorten versteht sich – dazu pflanzen. So ernten wir in Zukunft wohlschmeckende Exemplare unserer Zöglinge Goldparmäne, Rheinischer Winterrambur, Schöner von Boskoop, Alkmene, Gewürzluiken, Holsteiner Cox und von der wunderbaren Ingrid Marie.

Bleibt zu erwähnen, dass wir auch einen kleinen Zwetschgenhain besitzen, der die Hauptzutat für den im Herbst so beliebten Zwetschgenstreuselkuchen mit Sahne liefert.

Unsere jungen Obstbäume haben es hier oben im Nordschwarzwald auf freier Hochfläche nicht leicht. Gegen die im Winter sehr hungrigen Hasen und Rehe brauchen sie einen »Verbiss-Schutz« aus Draht oder Kunststoff. Brennt die Wintersonne auf die Südseite der Stämme, und die Nordseite ist eiskalt, platzt die Rinde auf. Hier hilft das Kalken der Stämme. War der Winter zu mild, kommen die Insekten und schädigen die Blätter mit ihren Eiern und Larven. Die Ansiedlung einer großen Schar von Gartenvögeln ist für dieses Problem angeraten. Achtzehn Nistkästen bieten wir an, die immer ausgebucht sind. Hat man Wühlmäuse, werden die Wurzeln angenagt. Da helfen am besten fest umschließende Drahtkörbe in der Erde und Baumscheiben, um den eigentlich recht possierlichen Tierchen keine Deckung zu bieten, sowie ein Ansitz für Rotmilan, Sperber, Falke und Bussard. Die beeindruckenden Greifvögel mit den scharfen Augen sind bei uns deshalb gerne zu Gast und sehr interessiert an den hohen Beobachtungsposten für Ihre Jagd.

Der Rotmilan ist unser Herbstbesucher. Ist der Nachwuchs selbstständig geworden, scheinen die Vögel Zeit zu haben, ihrer Leidenschaft, dem Segelfliegen, nachzugehen. Ohne einen Flügelschlag ziehen sie ihre Kreise über unserem Land und werden von der aufsteigenden Warmluft höher und höher getragen. Ihr Rufen klingt über die Hochebene. Die zur Ruhe gekommene Natur ist still, sie beginnt sich auszuruhen, denn sie hat alles erledigt, was der geschäftige Sommer für ein Weiterkommen eingefordert hat.

EIN OFEN MIT INNEREN WERTEN

Wir wenden uns dem Innenausbau unserer Hauptwohnung zu. Herr Stadelmeier beginnt mit seiner Arbeit. Er ist seines Zeichens Kachelofenbauer, ein Meister seiner Zunft und wird handwerklich das umsetzen, was wir mit seiner Firma geplant und gezeichnet haben. Ein großer Kachelofen kommt ins Haus. Der erforderliche Abzugskamin existiert bereits und ist technisch geeignet. Da wir aus drei kleinen Zimmern einen großen, offenen Wohnbereich mit Küche gemacht haben, sitzt dieser Abzug nun leider genau in der Mitte des neugeschaffenen Raumes. Da ist er nun, was machen? Aus der Not wird eine Tugend und es stellt sich bald heraus, dass unser herrlicher Ofen genau an der richtigen Stelle sitzt. Er wird imstande sein, alle Wohnräume im ersten Obergeschoss gemütlich warm zu halten und ist bald der zentrale Hingucker. Nach historischem Vorbild haben wir glänzend tannengrüne Kacheln ausgewählt. Sie werden extra für unseren Ofen gefertigt, ebenso die Kacheln, die die waagerechten Abschlüsse bilden und als kunstvolle Simse ausgeformt sind. Technisch gesehen bekommen wir einen Grundofen. Die Brennkammer, in die wir neunzig Zentimeter lange Holzscheite einlegen können, ist mit einem ausgeklügelten System von Zügen verbunden. Das sind mit Schamottesteinen ausgemauerte Wege für die heiße Luft. Die Schamottesteine heizen sich auf und speichern die Hitze über viele Stunden. Wohl dosiert, strahlt unser Ofen dann seine Wärme ab.

Als Extra haben wir ein Backfach integrieren lassen, um wunderbare Holzofenbrötchen, knuspriges Brot, Pizza oder Backäpfel produzieren zu können. Nach einigen zweifelhaften Versuchen und manch angerichteter Sauerei, weiß ich mittlerweile, wie mein Ofen tickt, und wir können ganz entspannt Freunde zum Backfest einladen.

Zu Beginn des Projektes, als die Einzelteile des Ofens eintreffen, nehmen die Lieferungen kein Ende. Was sich schließlich da auftürmt, ist ein riesiger Berg an Steinen, Putz und Kacheln. »Herr Stadelmeier, sind Sie sicher, dass all das in unseren Ofen passt?« »Ja klar, sie werden sehen, das wird schon.« Herr Stadelmeier ist Frohnatur und Frühaufsteher. Kaum an seinem Arbeitsplatz angekommen, schaltet er Punkt 7 Uhr das Radio ein, SWR 4, Volksmusik zum Mitsingen. Und er singt mit. Dass dabei die Arbeit leicht von der Hand geht, beweist er uns jeden Tag. Aus einem kubischen, kompliziert gelochten Kunstwerk, dessen zukünftige Bedeutung noch im Nebel liegt und in jeder Hinsicht frei interpretierbar ist, wird nach und nach unser Kachelofen. Das riesige Materiallager wird immer kleiner und alles findet seinen Platz. Kein Wunder, dass wir für diesen Ofen extra Stahlträger in den Boden einziehen lassen mussten. Der große Ofen wiegt Tonnen.

Wir schauen durch die geschlossene Glastür. Im Brennraum lodert ein Feuer, heftig angefacht durch zuströmende Frischluft. Die Flammen tanzen hinein in den ersten Zug, dort strömt die heiße Luft nach oben. »Der Schieber muss offen bleiben solange Flammen zu sehen sind. Wir brauchen eine schnelle, vollständige Verbrennung, sonst rußt alles zu. Keine alten Zeitungen verbrennen, kein Müll kommt da rein! Nur gutes Holz. Fünf Kilo pro Beladung reicht.« Herr Stadelmeier ist sehr streng mit uns. Es ist sein

Baby, sein Kachelofen, sein handgearbeitetes Unikat, das er gerade aus den Händen gibt. Und wir sind absolute Amateure im Umgang mit diesem herrlichen Teil. In seinen Augen müssen wir richtig eingelernt werden, sonst könnten ja dumme Fehler passieren. »Ja klar, verstehen wir. Nein, Papier benutzen wir nicht zum Anbrennen. Ja, nur die in Wachs getauchten Holzwolle-Anzünder. Holzspäne sind auch gut. Ja, verstanden.« Wir Städter, die an eine sich selbst regelnde Nachtspeicherheizung gewöhnt waren, sind lernfähig. Und wie schön ist der Gedanke, ab sofort ein Stück autark zu sein und bei Stromausfall trotzdem heizen, heißes Wasser bereiten und backen zu können.

EIN ALTES HAUS BEWEGT SICH

Da es draußen schon recht kühl wird, machen die Innenarbeiten mit Unterstützung des wärmenden Kachelofens jetzt auch viel mehr Spaß. Wir können uns in bequemer, leichter Arbeitskleidung besser bewegen, als in dicken Jacken. Und so geht es die Trittleiter hoch und wieder herunter, auf die Knie und in die Hocke. Es wird gestrichen, geschrubbt, geschraubt und siliconiert.

Die Decken der Wohnräume sind bereits fertig und makellos eben und weiß. Der Fußboden aus massiven Douglasien-Dielen ist verlegt und geölt. Den Wänden entlang laufen halbhohe Paneele ganz nach dem Vorbild alter Bauernhäuser. Wir haben das Tapezieren dem Fachmann übertragen, und er schaut sich das Tapetendekor für den Wohn- und Essbereich an: 1 cm breite, hellbeige, vertikale Streifen auf weißem Grund. »Wirklich schöne Tapete. Wird mir aber hin und wieder Probleme machen.« »Warum das?«, frage ich, »der Rapport Streifen an Streifen ist doch nicht schwierig.« »Das nicht, das Problem liegt in der Senkrechten. Die alten Häuser sind halt schief und krumm und beim Abschluss in den Ecken oder bei den Türrahmen sieht man die Schiefe der Wände dadurch noch deutlicher.« Ja, der Mann hat recht, wirklich alles ist schief. Wir leben in einem alten Bauernhaus mit musealen Ecken und Enden. So ein Haus hat selten rechte Winkel, es lebt und bewegt sich ja schon eine lange Zeit.

Dass es sich beängstigend stark bewegen kann, erfahren wir nach dem Einrichten des Badezimmers. Im englischen Landhausstil ist es ein sehr großer, wohnlicher Raum geworden, mit drei Fenstern, freistehender Badewanne, Sessel, barrierefrei begehbarer Dusche, offen liegenden Deckenbalken, Fliesen und passender Tapete, schönen Stoffen, tischhohem Einbauschrank – vom Schreiner gefertigt aus alten Dielenbrettern –, integrierter Waschmaschine und eingebautem Trockner.

Beim ersten Schleudergang der neuen Waschmaschine passiert es: ein leichtes Vibrieren, ein stärkeres Vibrieren, ein Rütteln durchzieht das ganze Haus. Ich bekomme mächtig Angst, dass das alte Gebäude Schaden nimmt und Kacheln und Tapeten von der Wand gesprengt werden. Man muss es gespürt haben, um zu glauben, was eine Waschmaschine im Schleudergang auf den Bodenbalken eines Holzständerfachwerkhauses auslösen kann: ein Erdbeben! Nach ein paar Versuchen mit stoßdämpfenden Unterlagen und Industriefüßen für das hyperaktive Haushaltsgerät geben wir schließlich auf. Die Waschmaschine muss auf den soliden Betonboden in den großen Schmutzraum im Erdgeschoss umziehen.

SCHMUTZ UND GRÜNDLICHKEIT

So ein »Schmutzraum« ist ein Muss für das Leben auf einem Hof. Er sollte groß bemessen sein und gut durchdacht eingerichtet werden: eine einfache Badewanne, darüber Aufhängevorrichtungen für nasse und verschmutzte Kleidungsstücke, eine große Kunststoffwanne für verdrecktes oder schneeverklebtes Schuhwerk, ein robustes Waschbecken, gefliester Boden, abwaschbare Wände und niedere Regale für Frotteetücher, Wander- und Arbeitsschuhe, ein Schrank für leichte und dicke Outdoor-Jacken und eine pflegeleichte Sitzgelegenheit, darüber hinaus viel Ablagefläche und Wandhaken. So sieht unser meist frequentierter Raum des Hauses aus.

Wir haben den vorderen Teil als Sattelkammer eingerichtet, wo alles Wichtige für Pferd und Reiter seinen Platz hat. Ordentlich hängen Halfter, Zaumzeug, Sattel und Decke unter dem Namensschild des jeweiligen Pferdes.

Und ganz vorne an der Ausgangstür zum Hof stehen die Besen. Ungemein wichtige Geräte, denn wer einen Bauernhof hat, der braucht viele Besen: einen im Stall, einen in der Scheune, einen auf dem Heuboden, einen in der Sattelkammer. Gefegt wird jeden Tag, draußen und drinnen, morgens und abends …

Der Stallbesen ist am häufigsten im Einsatz und deshalb muss sein Bürstenteil spätestens jedes halbe Jahr erneuert werden. Das ist in Ordnung, die Betriebskosten sind konkurrenzlos günstig. Keine Wartung und Pflege, weder Benzin noch Strom aus der Steckdose. Guter Wille und Muskelkraft reichen aus, um manchem Chaos ein Ende zu setzen.

Bis unser Wohngeschoss bezugsfertig ist, dauert es länger als gedacht. Als Ex-Grafik-Designer investiere ich viel Zeit mit der Zusammenstellung von Farben und Mustern in den Wohnräumen. Alles wird hell mit pastellfarbenen Naturtönen. Weichholzmöbel passen perfekt zu den freigelegten tragenden Wandbalken und die dreißig weißen Sprossenfenster, die in diesem Stockwerk rund um die Außenwände unseres Hauses laufen, bringen jedem Raum Licht von mindestens zwei Seiten. Als die Küche betriebsbereit und das Badezimmer komplett installiert ist, ziehen wir um, zwanzig Treppenstufen nach oben. Wir haben es geschafft. Wir sind fertig. Denken wir.

Doch mit deutscher Gründlichkeit und mit allen Kenntnissen und erworbenen Fähigkeiten in der Sanierung eines alten Bauernhofes kann man einfach nicht auf halbem Wege Schluss machen. Niemals. Oben, im dritten Stock, wartet ein zweites Wohngeschoss auf seine Chance, ausgebaut und genutzt zu werden …

USCHI UND DIE MÄUSE

Unten in den zwei Garagen stehen immer noch etliche Umzugskisten, die noch nicht ausgepackt sind, da der Inhalt offensichtlich überhaupt nicht gebraucht wird. Beim Einpacken in unserem Karlsruher Haus haben wir nur grob ausgemistet und die Fragestellung Wegwerfen oder Behalten einfach aufgeschoben. Nun sitzen wir vor etlichen Kartons, lustlos in purer Pflichterfüllung und müssen da jetzt durch.

Ich öffne einen Karton und entdecke meine Kinderpuppe »Uschi«. Eine sehr schöne Puppe mit feinem Gesicht und langen, blonden Haaren. Sie trägt ein hellgelbes Spitzenkleid und weiße Schuhe. Es ist laut Auskunft meiner Eltern die erste Puppe, die ich im Alter von zwei Jahren bekommen habe. Und in der Tat existieren mehrere Kinderbilder, auf denen ich Uschi im Arm halte und ich und sie fröhlich in die Kamera lachen. Damit Uschi nicht lange allein bleiben musste, habe ich bald darauf noch »Manuela« bekommen. Eine dunkelhäutige Schönheit, ebenfalls mit hübschem Gesicht und langen, schwarzen Haaren. Sie trägt einen zweiteiligen Strandanzug mit gelben Sandalen. Beide Puppen haben bewegliche Augen und Augenlieder mit langen Wimpern und können einem richtig in ihren Blick nehmen.

Ich muss eine sehr gute Puppenmutter gewesen sein, denn Uschi und Manuela sind komplett unversehrt und makellos. Nun ja, bis zum Umzug war das wohl so. Und nun hole ich Uschi aus dem Karton. Zuerst steigt mir ein übler Geruch in die Nase, ich sehe wie zerzaust ihre langen Haare sind und dann erkenne ich, dass die Haare zu einem nicht sehr kunstvollen Nest gefilzt wurden, zusammen mit kleinen Textilkrümeln vom Kleid und einem, im Umzugskarton darüber gepackten, Frotteetuch. Das emsige Werk von Mäusen! Im Kleid kleben die Hinterlassenschaften einer ganzen Mäusefamilie. Und obwohl ich mich für einen absoluten Tierfreund halte, bin ich gleichermaßen entsetzt, traurig und vor allem sehr wütend auf die nicht mehr anwesenden Nager. Nach eingehender Untersuchung von »Uschi« muss ich mich mit der traurigen Wahrheit abfinden, dass die Puppe nicht mehr zu retten ist.

Allein die Tatsache, dass Manuela gesund und unangetastet ist, hellt meine Stimmung wieder etwas auf. Gleich bekommt sie einen sicheren Ehrenplatz auf dem Sofa in der Erdgeschoss-Wohnung.

Ist es gerade noch hinzunehmen, dass Mäuse in eine Garage wandern, sind sie in Wohnräumen absolut unerwünscht. Wir müssen kurz darauf feststellen, dass eine kleine Truppe sich Zugang zum ersten Obergeschoss verschafft hat. Durch die Bauarbeiten stehen alle Türen nach draußen tagsüber weit offen. Sehr einladend für die kleinen Tierchen und sie wissen ganz genau, wer rechtzeitig vorsorgt, hat im Winter eine gemütliche Bleibe. Gesehen haben wir keine einzige Maus, aber Monty, unser Hund mit feiner Nase, riecht sie eines Abends. Ganz aufgeregt schnüffelt er in Rainers Büro an etlichen Stellen, läuft nervös hin und her, und plötzlich flitzt eine in die Enge getriebene Feldmaus über den Teppich in den Flur hinaus. Aha. Entdeckt. Eine Mausefalle muss her.

Die mit dem Mäuseproblem sehr vertrauten Nachbarn raten uns, statt des Käses am besten ein Stück Schokolade als Köder zu benutzen. Wir kaufen zwei Lebendfallen, statten sie mit feinster Lindt Schokolade aus, stellen sie auf und warten. Es dauert genau einen halben Tag, bis Mäusefänger Monty uns mitten in der Nacht klar macht, dass ein Einschreiten unsererseits dringend von Nöten ist. Ein kleines, erschrecktes Nagetier sitzt in der Falle. Rainer zögert nicht lange, zieht Jeans und Jacke an und bringt um zwei Uhr nachts die kleine Maus vierhundert Meter weit weg, zum Dorffriedhof am Rande des Waldes. Auch drei weitere Exemplare werden an den Folgetagen nach kurzer Inhaftierung zeitnah in die Freiheit entlassen.

»Ach herrje, was machen Sie denn. Die Mäuse kommen schneller zurück als Sie gucken können.« Der Jagdpächter ist mehr als amüsiert über unser arglos erzähltes Erlebnis. Wären Mäuse so groß wie Hasen, er wäre liebend gern mit seiner Jagdwaffe vorbeigekommen, um das Problem nachhaltig für uns zu lösen.

Rainer und ich haben es nicht so mit Schusswaffen und Jagd. Wir schaffen mit Geduld und analytischem Handeln das Thema aus der Welt. Alle Lücken und möglichen Gänge in der Garage oder zum Flur werden zugemörtelt oder mit Silikon verschlossen. Es braucht seine Zeit, aber schließlich kommt keine Maus mehr durch. Bis heute sind wir mäusefreie Zone.

AUSMISTEN

Rainer und ich widmen uns beim Leeren der Umzugskartons viele Stunden der unbeliebten Arbeit des Ausmistens. Eigentlich sollte man alle paar Jahre einmal seinen Hausrat und seine Kleidung auf »Benutzung« prüfen und sich mutig von allem länger nicht Verwendeten trennen. In meinem Büro habe ich das regelmäßig getan und mich danach immer super gut gefühlt. Ja, ich verspürte fast ein Hochgefühl von Leichtigkeit. Hat man erst einmal den Mut gefunden, die ersten Dinge wegzuwerfen, wird es immer einfacher, in seiner eigenen Vergangenheit aufzuräumen. Platz für einen Neuanfang, Platz für freie Gedanken, Platz für die Zukunft und vor allem Platz im Schrank.

Manche Menschen fürchten, dass sie Dinge vorschnell wegwerfen, die sie zwar gerade nicht brauchen, aber irgendwann doch einmal brauchen könnten. Ehrlich, mir ist das noch nie passiert. Und selbst wenn, würde man sich an die eine Sache vage erinnern, aber nicht an die tausend anderen, von denen man sich vernünftigerweise und zu Recht vor Jahr und Tag getrennt hat.

Einige Dinge aber werden immer gebraucht und bekommen sogar eine viel wichtigere Aufgabe als angenommen. Betrachten wir die Kerzen. In unserem Stadthaus waren sie Dekoration und stimmungsvolle Leuchtmittel, bevorzugt im Winter und bei Festen eingesetzt. Laternen haben draußen auf der Dachterrasse, an lauen Sommerabenden, schönes Licht gespendet und sind natürlich mit uns umgezogen.

In unserem Holzhaus benutzen wir nun Kerzen nur zur Weihnachtszeit. Unter strenger und lückenloser Überwachung dürfen sie brennen. Aber es gibt ein Ereignis, da sind sie sehr wichtig und viel mehr als bloße Dekorationsobjekte: plötzlicher Stromausfall.

STURM BEI BARNABY

Ein kompletter Stromausfall ist bei uns auf dem Lande keinesfalls ein so dramatisches Unglück, dass es in den Tagesthemen besprochen werden müsste, sondern ein ganz normales, wiederkehrendes Ereignis. Betrachtet man die Hochspannungsleitungen, die unseren Weiler versorgen, sieht man warum. Sie laufen vom Tal durch schmale Waldschneisen hinauf zu uns. Hat der Wetterdienst in den 20 Uhr Nachrichten vor Orkanböen in der nächsten Nacht gewarnt, legt man am besten schon einmal die Kerzen bereit und prüft, ob die Taschenlampe noch genügend Batterieleistung hat. Sehr schön und stimmungsvoll kommen hier die Windlichter oder kleinen Laternen ins Spiel. Der weitsichtige Landmann stellt seine Gefriertruhe auf höchste Stufe, um den Inhalt gut durch die stromlosen Stunden zu bringen, während die Landfrau sich ein oder zwei Mahlzeiten ausdenkt, die auch kalt gut zu verzehren sind.

Dann, wie vorausgesagt, ist es soweit. Der Wind braust auf, unser Holzhaus gibt bei jeder Böe nach und knarrt dazu ganz leise. Holzständerhäuser sind sehr biegsam. Die nach außen geklappten Fensterläden, die etwas Spiel in ihrer Arretierung haben, fangen an, dumpfe Schlaggeräusche zu erzeugen. Man sitzt gemütlich auf dem Sofa mit den dicken Kissen, hat sich einen Tee angebrüht und ist versunken in die Handlung einer spannenden Folge von Inspector Barnaby um 21.45 Uhr. »Da draußen geht mächtig was ab, irgendein Fensterladen schlägt. Ich glaube, es ist der vom mittleren Badezimmerfenster. Kannst Du mal nachsehen.« Rainer hat das Problem schnell aus der Welt geschafft, braucht aber für den Rückweg zum plötzlich verstummten Fernseher einige Zeit. Denn Knall auf Fall ist es stockdunkel geworden. »Jetzt sind wieder ein paar Bäume umgestürzt, mal sehen, wie lange es diesmal dauert, bis wir wieder Licht bekommen.«

Irgendwo in der Waldschneise sind wahrscheinlich flachwurzelnde Fichten auf die Stromleitung gefallen. Irgendwann wird man die Stelle gefunden haben und irgendwie wird man es auch diesmal wieder schaffen, den Schaden zu beheben. Und ganz sicher wird man wieder feststellen, dass eine Erdverkabelung bei weitem zu teuer ist.

So sitzen wir da bei Kerzenlicht. Der übrige Ort ist in der Schwärze der Nacht verschwunden. Auf dem gegenüberliegenden Hang, jenseits der Talsperre, sieht man als kleine Lichtpunkte die Scheinwerfer eines Autos. Ein gutes Zeichen, dass die Welt noch nicht untergegangen ist.

Ich versuche mir vorzustellen, wie das früher so war. Man saß bei Petroleum-Licht am Ofen, eine Handarbeit oder ein Buch in den Händen, müde von der Feldarbeit, vielleicht im Gespräch, besorgt, ob der Sturm nicht großen Schaden anrichten wird, den Naturgewalten vollkommen ausgeliefert … Die Natur ist für uns heute noch so unbeherrschbar wie früher. Auch wir hoffen gerade, dass keine Ziegel vom Dach fallen und kein Wald, wie bei Sturm Lothar oder Wiebke, niedergemäht wird.

Acht eilig aufgestellte Kerzen im Wohnraum und Badezimmer sorgen für ein dämmriges Licht. Bei solch einer Beleuchtung kann niemand etwas Vernünftiges tun im Haus. Plötzlich ist es auch nicht mehr gemütlich. Der Sturm hat Inspector Barnaby ausgeblasen und nun ist Leere und Stille. Keiner weiß, wie es weiter gehen wird, wie die drei Morde aufgeklärt werden, wann wir endlich wieder Licht bekommen. Das kann Stunden dauern. Es dauert dieses Mal nur fünf Stunden. Glück gehabt!

Am nächsten Morgen ist alles vergessen, keine Schäden, Haus und Bäume unversehrt. Die Sonne scheint und die Natur ist freundlich und zahm. Es bleibt nur die unbeantwortete Frage: wer war der Mörder? Aber das ist wirklich nicht so wichtig.

SCHNEEFALL

Wichtig für das komfortable Leben auf dem Lande ist, neben dem rechtzeitigen Einlagern von Holz und Ernten der Äpfel für die Winterzeit, auch der Besitz einer Schneefräse. 400 Quadratmeter Hoffläche, der Paddock und die Garagen müssen durchgehend schneefrei gehalten werden. Unser Landmaschinenfachmann berät uns gut und so kommt eine PS-starke Maschine in die Scheune. Sie wird in der Zukunft in bester Gesellschaft sein, denn eines ist sonnenklar, ohne Maschinen läuft auf dem Lande nichts. Neben zwei Rasenmähern, einem übermannshohen Holzspalter, einer Motorsense, einer Kettensäge, dem Roten Blitz, der Egge, dem Mulcher, dem Mähwerk, dem Zetter, dem Schwader und der großen Akku-Heckenschere hält die neue Schneefräse als eine der ersten Maschinen Einzug.

Am Nikolaustag ist es soweit, Schnee fällt. Die Landschaft ist in herrliches Weiß getaucht, alle Geräusche klingen leiser, alles scheint ruhiger als sonst. Nur wir sind sehr geschäftig. Wir schaufeln den noch leichten Pulverschnee, immerhin hat es dreißig Zentimeter hingelegt, zur Seite und machen Stall-, Scheunen- und Hauseingänge frei. Dann wird der Hof gefräst. Das neue Gerät wirft den Schnee in weitem Bogen durch die Luft. Wo die weiße Pracht nach zehn Metern wieder landen soll, muss man sich sehr genau überlegen, sonst wirft man die davor freigemachte Spur wieder zu.

Beim Freihalten der drei Garageneinfahrten ist ebenfalls Bedachtsamkeit gefragt. Schneit es den ganzen Tag, wird der Räumdienst des Landkreises mehrmals fahren und den Schnee der Straße teilweise auf den Garagenvorplatz schieben. Das macht der Fahrer natürlich nicht absichtlich, aber an den Außenkanten seiner großen Schaufel wird die schwere, weiße Masse rechts und links auf dem Gehweg angehäuft. Was bleibt, ist eine wunderbar geräumte öffentliche Anliegerstraße und auf einer Länge von fünfzehn Metern ein kleiner Wall aus schwerem, verdichtetem Schnee auf unserem privaten Grund. Diesen hartgebackenen Schnee schafft keine Schneefräse mehr weg, das ist Handarbeit, das ist Schneeschippen-Krafttraining. Da wird einem richtig schön warm.

Damit dem Bewegungsdrang unserer Isländer keine schneebedingten Grenzen gesetzt werden, fräst Rainer auch den Paddock frei. Unsere Vierbeiner lieben den Schnee, es sind eben echte Wikinger. Doch die von der Fräse ausgeworfene Schneefontäne ist allen nicht so recht geheuer und so schwanken ihre Empfindungen zwischen Neugierde und Furcht.

Dreimal am Tag gibt es nun für jedes Pferd eine ordentliche Portion Heu. Die getrockneten Gräser duften beim Auslegen in den Futtergang und erinnern an einen heißen Sommer. Von der tiefgefrorenen Wiese können sie sich nun nicht mehr ernähren. Die alten Halme sind dreißig Zentimeter unter der Schneedecke begraben. Trotzdem wandert unsere kleine Herde jeden Morgen nach dem Heufrühstück zur »Arbeit«. Hintereinander, der Rangordnung folgend, pilgert man hinaus, fast bis zum Bauch im Schnee versunken. Auf der Wiese angekommen, ist entweder eine Pulverschnee-Galoppade angesagt oder man steckt gleich den ganzen Kopf hinein in die weiße Pracht. Mit den Vorderbeinen wird eifrig gescharrt und die bewegliche Nase erledigt in der Tiefe die Feinarbeit. Halm um Halm wird aufgespürt und genüsslich zermahlen.

Ob das schmeckt? Ihre Vorfahren mussten sich auf Island gehörig anstrengen, um die langen Winter zu überstehen.

Im Gegensatz dazu hören unsere Luxusgeschöpfe um 13 Uhr schon wieder die Essensglocke. »Ponys kommt, kommt, kommt!« Alle Hälse strecken sich, die Ohren werden gespitzt, man wartet eine kleine Weile und jagt dann begeistert gen Stall, wo das Heu wartet. Ich muss nicht extra erwähnen, dass es danach wieder zur »Arbeit« auf die Wiese geht. Bis zum Abendessen gegen 19 Uhr. Dann ist Feierabend, und die Wiese wird geschlossen.

DIE WEBERS

»Seien Sie mir nicht böse, aber ich muss es einfach loswerden. Uns dauern ihre Pferde so. Wie die den ganzen Tag da draußen stehen, ohne Schutz, mit dem Bauch fast im Schnee. Das kann man doch mit den armen Tierchen nicht machen!« Die alte Frau Weber, Seniorchefin unseres kleinen Lebensmittelladens im Nachbarort, schaut mich vorsichtig missbilligend an. Ich weiß, sie hat gerade allen Mut zusammengenommen, denn auf dem Dorf hält man sich aus den Angelegenheiten der Anderen eher heraus.

Mit Islandpferden hat man hier überhaupt keine Erfahrung. Das sind Ponys, im Gegensatz zu richtigen Reitpferden. Gezüchtet werden in einigen Orten in unserer Umgebung »rechte« Pferde, die »Schwarzwälder Füchse«. Schöne, kräftige Kaltblüter, dunkelfuchsfarben mit fast weißer Mähne.

»Frau Weber, ich finde es sehr gut, dass sie das sagen. Wenn jemand Tiere nicht ordentlich hält, würde ich auch einschreiten. Unseren Islandpferden geht es aber richtig gut. Sie stehen freiwillig im Tiefschnee auf der Wiese. Sie könnten jederzeit in den Stall laufen und bekommen dreimal am Tag Heu vorgelegt. Kommen sie doch einfach mal vorbei, dann gehen wir zusammen durch den Stall.« Ich versuche nicht schulmeisterlich zu wirken und keinen Vortrag über Islandpferde und ihre Lebensweise zu halten. »Ach, wenn das so ist. Wir fahren halt öfter mal an ihrem Haus vorbei und sehen die Pferde dann immer draußen in der Kälte stehen.«

»Unsere Ponys frieren nicht, sie haben ein ganz dickes, langes Winterfell. Wenn es schneit, bleibt der Schnee auf ihren Rücken liegen. Daran kann man erkennen, wie gut die dichten Haare isolieren.«

Frau Webers Bedenken scheinen nach meinen Ausführungen weitestgehend ausgeräumt. Sie lächelt mich nun freundlich an.

Rainer und ich genießen den Ruf, fleißige Bauherren zu sein, die selbst Hand anlegen und sich nicht als studierte Städter »so von oben herab« wichtigmachen. Diesem Umstand habe ich es wohl gerade zu verdanken, dass Frau Weber mir glaubt und bereit ist, mich als geschätzte Kundin nun zu bedienen. »Was soll's denn heute sein?«

»Ich hätte gerne 20 Krusties, 28 Brezeln und ein kleines Holzofenbrot, die Tiefkühltruhe ist mal wieder fast leer. Geht das?«

Als Zwei-Personen-Haushalt kommt es nicht gut, wenn man das komplette frische Backwerk des Tages aufkaufen will. Frau Webers Sohn ist Bäcker und versteht und liebt sein Handwerk. Wir sind hier in der glücklichen Lage, uns nicht von den Produkten einer Bäckerei-Billigkette ernähren zu müssen, sondern dürfen im kleinen Laden der Familie Weber unseren Bedarf decken.

Was es sonst nicht mehr gibt, oder was nach Meinung von alltagsfernen Romantikern geschützt und subventioniert werden sollte, ohne dass es jemals funktionieren kann, existiert in unserem Nachbarort. Dieser kleine Laden hat alles, was man so täglich braucht, von der Fernsehzeitschrift über Haustierfutter, Getränke, Putzmittel, Kosmetika und jegliche Lebensmittel für den bodenständigen Schwaben.

Das Geschäftskonzept für den offensichtlichen und sicher einmaligen Erfolg ist das uneingeschränkte Engagement der ganzen Familie und die Tatsache, dass der Laden im Erdgeschoss des eigenen Hauses liegt und auch niemals durch neumodische Verkaufskonzepte umgestaltet wurde. Die Backstube befindet sich direkt hinter der Ladentheke und ist das eigentliche Profit-Center des kleinen Unternehmens. Die neueste Anschaffung für diesen Geschäftsbereich ist ein Kleintransporter, mit dem Herr Weber umliegende Orte anfährt und Hotels beliefert. Es funktioniert. Mutter und Ehefrau des erfolgreichen Bäckermeisters wechseln sich im Laden ab, die beiden Kinder sind oben im Haus oder unten im Verkaufsraum. Einer ist immer sowohl für den Nachwuchs als auch für die Kunden präsent und ansprechbar. Nur mittwochnachmittags ist das Geschäft geschlossen, nach guter alter Väter Sitte.

In der Adventszeit bekommt man bei Webers große Tüten mit den verschiedensten Sorten an Weihnachtsgebäck. Der verkaufstrainierte Edelkonditor würde die Hildabrötchen, das Spritzgebäck, die Zimtsterne, Kipferl und Nusshäufchen dekorativ auf goldfarbenen Papptellern platzieren, mit einer üppigen Zellophanhaut umhüllen und mit glänzender Schleife krönen, nach dem Motto: was toll aussieht, kann mehr kosten. Nicht so Familie Weber. Das feine Gebäck kommt in die Tüte, wird abgewogen und mit einem kleinen handgeschriebenen Preisetikett versehen. Manchmal liegen in den durchsichtigen Verpackungen etliche zerbrochene Teile. »Macht nichts, schmeckt ja trotzdem.« Webers haben ja so recht.

LICHTERGLANZ UND TANNENBAUM

Weihnachten auf dem Lande, das muss etwas ganz Besonderes sein. Jedenfalls zeigen uns das die ungemein schönen Magazine zum Thema lustvolles Landleben. Der Nordschwarzwälder schmückt in der Regel seinen Hof niemals so opulent. Durchgesetzt haben sich dennoch Lichterketten für draußen. Ist man in der glücklichen Lage, vor seinem Haus eine Edeltanne in noch schmückbarer Höhe zu besitzen, wirft man die Kette locker über die Zweige, falls nicht, wird der Balkon behängt. Das reicht.

Auch wir schmücken in den ersten drei Jahren eine Weißtanne mit Außenlichtern, aber die Montage mit der großen Stehleiter wird in den kommenden Jahren zu waghalsig, sodass wir auf die Variante mit Balkon ausweichen. Die eigens dafür erworbene Lichterkette mit 500 kleinen Leuchtdioden hüllt daraufhin jedes Jahr unseren luftigen Stahlbalkon in blauweißes Licht. Leider ist uns beim Kauf der fehlende Hinweis »Warmlicht« entgangen und so sieht unser Balkon eher nach »Außerirdische gelandet« als nach heimeligem Lichterzauber aus.

Immer eine Woche vor Heiligabend holen wir unseren Baum. Nach dreiminütiger Autofahrt erreichen wir die Baumschule unseres Forstmannes. Hier ist mächtig was los. Ein großes Feuer brennt, ein Ausschankwagen bietet Glühwein an. Alle Besucher wärmen sich sowohl von außen am Feuer als auch von innen mit Alkohol. Auch die mitgebrachten Hunde haben ihren Spaß und toben über die schneebedeckte Wiese. Die Stimmung ist fröhlich und gelassen. »Habt ihr euren Baum schon gefunden?« Die Nachbarn von schräg gegenüber sind auch vor Ort. »Ja, er ist schon beim Auto, aber wir brauchen noch einen für Onkel und Tante.« »Na dann viel Glück.«

Wir betreten die umzäunte Schonung. Auf gut drei Hektar wachsen Nordmanntannen, Blautannen und Fichten. Es gibt Bäume in Marktplatzgröße für öffentliche Orte, es gibt zimmerhohe und halbhohe Exemplare für den Privatbedarf. Wir brauchen ein halbhohes Exemplar für den Platz auf einem kleinen Beistelltisch. Mein lieber Mann geht in der Regel fünfzig Meter tief in die Schonung hinein und hat den Baum gefunden. Ich dagegen möchte mir erst einen Überblick verschaffen, eine engere Auswahl treffen und dann wählen. Das kann dauern. So haben wir uns auf eine stressfreie, Geschlechter unübliche Aufgabenverteilung verständigt: Rainer übernimmt den sozialen Part und betreibt am Feuer Konversation. Ich gehe jagen.

Es macht riesigen Spaß durch den Schnee zu stapfen und vielversprechende Nordmanntannen zu umrunden. Als Designer bin ich ein Augenmensch, und so suche ich den optimalen Weihnachtsbaum. Glaube ich, den richtigen gefunden zu haben, binde ich meinen für diesen Anlass extra farbenfroh gewählten Schal um seine Spitze und suche einen Forstarbeiter, der mir mit seiner Motorsäge den Baum fällt. Die Forstarbeiter wandern von Kunde zu Kunde und sind mit ihrer fluoreszierenden Schutzkleidung leicht zu finden. Nur, hat man den Mann mit der Motorsäge im Schlepptau, muss man auch die eine Tanne im Wald wiederfinden. Hier bewährt sich mein Schal-Trick. Der Baum ist leichter auszumachen und jeder andere Interessent, der sich in der Zwischenzeit meiner Traumtanne genähert hat, sieht sofort: Finger weg! Reserviert! Ich bilde mir ein, diesen Schal-Trick erfunden zu haben und werde in den Folgejahren erkennen müssen, dass sich immer mehr Leute meine Idee zu eigen machen. Hat man seine Tanne aus der Schonung gezogen, stellt man sie auf und lehnt sie gegen einen überdimensionierten hölzernen Meterstab. Ein kurzer Blick des Verkaufspersonals: »Achtzehn Euro«. Und schon wird sie rüde durch den blechernen Netztunnel gezogen und bekommt Transportformat. Im SUV mit heruntergeklappter Rückbank wartet der auserwählte Weihnachtsbaum auf die Heimfahrt.

Wir gehen Glühwein trinken, für Baumkäufer – und das sind so ziemlich alle hier – ist er gratis. Das Anstehen vor dem weihnachtlich geschmückten Ausschankhäuschen ist kurzweilig. »Wie geht's?« »Feiert ihr zuhause oder bei der Verwandtschaft?« Schon bekommt man eine dampfende Tasse in die Hand gedrückt und schlendert damit zum großen Feuer. Dort steht man noch eine Weile beim Small Talk, lässt sich vom Rauch parfümieren und fährt schließlich ganz zufrieden heim. Man hat dieses Jahr einen wirklich besonders schönen Baum gefunden.

Die Mitbürger, die eigenen Wald in der Familie haben, fehlen regelmäßig beim Weihnachtsbaumeinschlagen. Warum sollten sie auch einen Baum kaufen, wenn ihr Wald voll davon steht. Sehr erstaunlich ist aber, dass bei so manchem Waldbesitzer das schütterste, Mitleid erregendste Exemplar, das man sich vorstellen kann, vor dem Haus oder auf dem Balkon prangt. Kann man denn nicht, wenn man einen großen Wald besitzt, einen schöneren Baum finden? Kann man schon, will man aber nicht! Beim Auslichten der Jungbäume fällt ja immer was Passendes an und die schön gewachsenen, kräftigen Bäume sollen groß werden und einmal gutes Holz liefern. Ja, der Schwabe denkt eben weiter und begnügt sich mit seiner Ausschussware.

BRAUCHTUM

Etwa eine Woche vor dem ersten Advent beginne ich mit meiner Weihnachtsbäckerei. Wie früher in meinem Werbeatelier bin ich ein Nachtarbeiter geblieben. Ab 21 Uhr habe ich Ruhe. Pferde, Hund und Mann sind versorgt und kein Telefongespräch kommt mehr dazwischen. Für die gute Stimmung hole ich mir ein Video, was so nebenbei läuft und etwas mit Weihnachten zu tun hat. Mein absoluter Lieblingsfilm ist »Liebe braucht keine Ferien«. Jude Law, Cameron Diaz, Kate Winslet und Jack Black sind fantastisch. Die Handlung spielt in einem kleinen englischen Dorf in der Nähe von London und in Los Angeles um die Weihnachtszeit. Ich habe den Film mittlerweile so oft gesehen, dass ich mühelos die Dialoge mitsprechen kann. Und immer noch beschert mir der Film ein absolutes Wohlgefühl.

Auch »E-Mail für Dich« oder »Schlaflos in Seattle« sind stimmungsvolle Begleiter für die Weihnachtsbäckerei. Ich mische, knete, steche aus, forme, backe und verziere mit absoluter Hingabe. Der nächste Morgen bietet uns noch etwas für die Sinne. Überall in der Wohnung duftet es nach frischem Gebäck. Ich packe die nächtliche Produktion in luftdichte Dosen und ein kleiner Rest mit etwas zu dunklen oder aus der Idealform geratenen Stücken darf gleich zum Frühstück gegessen werden.

Ziemlich genau vier Wochen vor dem vierundzwanzigsten wird auch die Produktion der Linzertorten gestartet. Eingepackt in Alu-Folie müssen die Kuchen mindestens vierzehn Tage »durchziehen«. Selbst gemachtes Johannisbeergelee, Gewürze, Kirschwasser und Kakao dürfen sich so richtig entfalten und lassen die Torten mürbe und kräftig im Geschmack werden. Passend zu unserer neuen Heimat backe ich nicht nur klassische runde Varianten, sondern auch kleine Exemplare in Tannenform. Kurz vor dem Servieren oder Verschenken bekommen sie noch Puderzucker auf die Äste gesiebt und die verschneiten Schwarzwaldtannen sind fertig.

Es gibt in unserem Haushalt eine wichtige Regel, deren Einhaltung kinderleicht ist und immer befolgt wird: Die komplette Weihnachtsbäckerei muss bis Heiligabend vertilgt sein. Freunde helfen da gerne mit und wir finden häufiger die Zeit, einfach mal beim Adventstee oder Kaffee zusammenzusitzen.

Unser Freizeit-Programm wird jetzt durch eine schöne Outdoor-Aktivität bereichert: das Schneeschuh-Wandern. Manch ahnungsloser Besuch bekommt, ohne sich wehren zu können, die Schuhe umgeschnallt, will er mit uns einen Spaziergang machen. Denn nach ordentlichem Schneefall sind um unseren Ort nur die Straßen, nicht aber die Waldwege geräumt.

Wie man mit Schneeschuhen läuft, hat man in wenigen Minuten gelernt. Es ist kinderleicht, wenn man nicht versucht, rückwärts zu gehen oder über seine Stöcke stolpert. Hat man die Kontrolle über das neue Equipment erlangt, bewegt man sich mühelos über unberührte Pfade und kann die stille, verschneite Natur genießen. Allein unser Hund kann seinen Weg nicht frei wählen. Um nicht bis zum Bauch im Schnee zu versinken, hat er schnell gelernt, sich hinten einzureihen. Er geht als letzter in der Wandergruppe und nutzt die festen Trittspuren seiner Vorgänger.

Dass bei Sonnenschein, wenn der Schnee vor einem tiefblauen Himmel glitzert, alles besonders viel Spaß macht, steht außer Frage. Aber manchmal gehören auch klirrende Kälte und Schneefall zum Wintertag im Schwarzwald. Dann macht das Nachhausekommen die größte Freude. Am warmen Kachelofen sitzen, einen kräftigen Rotwein trinken, dem selbst gemachten Flammkuchen im Ofen beim Knusprigwerden zusehen, sich auf das gute Essen mit den Freunden freuen.

Was nicht gut kommt, sind die Tage mit extremem Dauerschneefall, an denen man Stunden zubringt, den Hof für Mensch und Tier begehbar zu halten. Oder die Schmuddelwetterlagen im März und April, an denen man sich nach Frühling sehnt, der Frühling aber auf 700 Höhenmetern gar nicht daran denkt, den Winter abzulösen.

Ich habe mir angewöhnt, sobald die Weihnachtsdeko weggeräumt ist, jede Woche einen Tulpenstrauß zu kaufen. Das hilft gegen Winterdepression. Auch Forsythienzweige kommen im warmen Zimmer schnell zur Blüte. Und schlagen erst die Apfel- oder Birnenzweige in der Vase aus, kann man berechtigte Hoffnung auf den Frühling hegen.

FREUNDE IM FRÜHLING

Frühling auf dem Lande ist schön. Man kann sich kaum mehr vorstellen, wie die Bäume mit grünen Blättern aussehen. Vorsichtig werden sie auf unseren Wiesen erst einmal rosa und weiß. Wie riesige Blumensträuße stehen sie im maigrünen Gras. Unser Imker freut sich, wenn seine Bienenvölker den Winter gut überstanden haben. Sie fliegen nun aus und überall summt es in den Zweigen. Wir hatten sofort zugesagt, als er uns um Erlaubnis fragte, seine Bienenkästen bei uns aufstellen zu dürfen. Die Bienen bestäuben unsere Streuobstbäume und bekommen Frühling, Sommer und Herbst ein gutes Nahrungsangebot. Anders als bei der intensiv betriebenen Landwirtschaft haben die vielfältigen Wiesenblumen bei uns die Zeit aufzublühen. Die Ponys arbeiten sich langsam durch das Jahr, Weide für Weide. So gibt es immer unberührtes Grünland. Löwenzahn und Hahnenfuß, Wiesenknöterich, filigrane Lichtnelken, Buschwindröschen, Glockenblumen, Wiesenkerbel, Schafgarbe, Johanniskraut, Pippau und Frauenmantel – dessen Blätter die Wassertropfen wie Diamanten auf sich tragen – stehen für einen schönen Artenreichtum.

Ende April beginnt der bunte Reigen mit dem leuchtenden Gelb von abertausenden Löwenzahnblüten. Dreieinhalb Hektar gelbes Blütenmeer wogt um unseren Hof. Wild vor Glück stürzen sich die Ponys hinein. Immer nur stundenweise ist ihnen das erlaubt. Denn ganz langsam, Schritt für Schritt, müssen wir ihre Nahrung von Heu auf Frischgras umstellen, sonst drohen Bauchweh und Kolik.

Löwenzahn schmeckt ihnen besonders gut, der Hahnenfuß, der die Gelborgie fortsetzt, ist dagegen in frischem Zustand für Pferde giftig. So wird er beim Abgrasen mit spitzer Nase aussortiert, bleibt auf der Wiese stehen und wird nach der Beweidung von unserem Roten Blitz abgemulcht.

Fast unbemerkt treiben die Bäume Blätter und plötzlich ist alles grün. Nun wird es laut um unseren Hof. Oder besser gesagt, um ihren Hof. Um den Hof der ansässigen Spatzensippe. Feld- und Haussperlinge machen sich an den Nestbau. Haben sie ihren Platz gefunden, wird lautstark und ausdauernd, aber leider wenig melodiös gepfiffen und verkündet: Achtung, hier wohne ich, alle anderen merkt euch das! Spatzen sind sehr gesellig und mögen Reihenhäuser. So hat Rainer eine alte Weinkiste in ein Dreifamilien-Domizil umgebaut. Ich habe es in hellem Gelb gestrichen und vor jedem Eingang einen Buchstaben aufgemalt. Es hängt mit zwei weiteren Kästen und sechs Schwalbennestern an der großen Scheunenwand. Schnell waren die Behausungen A und B angenommen. C wurde erst für die zweite Brut interessant. Dass die Vögel ihre Häuser nicht mittels einbruchsicherer Zylinderschlösser schützen können, sondern nur mit Aufpassen und lautem Geschrei, ist, wie ich einmal beobachtet habe, von Nachteil. Ich sitze am großen Tisch im Hof und sehe wie eine Kohlmeise in Appartement B schlüpft und mit vollem Schnabel schnellstens das Weite sucht. Sie hat das ganze mühsam eingetragene, verflochtene Nistmaterial des Spatzen-Ehepaares geraubt. Was für eine Dreistigkeit. Und was für eine böse Überraschung, wenn der Diebstahl bemerkt wird.

Nicht so tragisch, Nistmaterial wird bei uns nie knapp, weil in Unmengen produziert. Es sind Pferdehaare, die die weichsten und komfortabelsten Unterlagen für das geschlüpfte Jungvolk abgeben.

Im Frühjahr haaren unsere Ponys um die Wette, beim Putzen kann man pro Pferd jedes Mal einen halben Eimer füllen. Man selbst wird »eingehaart« und Shirt und Reithose sind total versaut. So putzt man vor dem Reiten erst das Pferd und nach dem Ausritt sich selbst. Die Haare fliegen durch die Luft, Eimer füllen sich schnell beim Striegeln und werden in einem der Kompostkästen geleert. Oft klemme ich ein paar Hände voll Winterwolle in den Spatzen-Versammlungsbaum – eine Scheinquitte – und so gibt es viele Selbstbedienungsstationen für die Vögel und Nestbau ist keine große Sache, zumal der zweite wichtige Baustoff, das Moos, ebenfalls in Hülle und Fülle verfügbar ist.

Für gewöhnlich sind Spatzen, Meisen und Co mit der Aufzucht ihrer ersten Brut schon fast fertig, da treffen die Schwalben ein. Die zweite Aprilwoche ist meist der Sichtungstag für die ersten Langstreckenflieger bei uns im Dorf. Sie versammeln sich bei der kleinen Kirche, den Häusern und Scheunen und fliegen ihre Nester vom Vorjahr an.

Gegenüber unserem Hof steht sie, die kleine, denkmalgeschützte Kirche, die bei den Schwalben als bevorzugter Wohnort gilt. In der Geschichte unseres kleinen Ortes kann man nachlesen, wie stolz die Bürger um 1897 waren, als sie gemeinsam das schöne Haus mit Turm, Spitzdach und großen Glocken fertig gebaut hatten. Auch wenn die Gottesdienste heute regelmäßig in der größeren Kirche des Nachbarortes abgehalten werden, wird unser Kirchlein in Ehren gehalten, gepflegt, gestrichen und meist für Beerdigungen und ganz selten für Hochzeiten herausgeputzt. Mit den etwa 15 Schwalbennestern geht man bei Renovierungsarbeiten sorgsam um, und ein Brett entlang der ganzen Ostfassade sorgt dafür, dass die Hinterlassenschaften der Mehlschwalben keinen Schaden an der Schindelfassade anrichten.

Ganz erstaunlich finde ich die Lärmtoleranz der Vögel. Unsere Kirchturmglocken halten uns ständig auf dem Laufenden, was die Uhr geschlagen hat. Sie schlagen jede Viertelstunde, zeigen jede volle Stunde mit der entsprechenden Anzahl von Schlägen an und melden eine halbe Minute lang, dass es sechs Uhr morgens, elf Uhr morgens, drei Uhr mittags und fünf Uhr abends ist. Während Rainer und ich als Ex-Städter das sehr romantisch finden und uns tatsächlich bei Arbeiten auf unseren Wiesen oder dem Garten nach den Glockenschlägen orientieren, gibt es bei den Einheimischen doch das eine oder andere Mal wieder Diskussionen, ob man die eifrigen Glocken nicht etwas häufiger schweigen lassen sollte. Aber am Ende bleibt alles wie es ist, auch für die Schwalben. Wenn die Glocken schlagen, ist es sehr laut direkt unter dem Kirchturm. Das Gebäude vibriert und hallt, und ich stelle mir die Lärmkulisse in den Nestern vor. Die Schwalbenfamilie wird ihr eigenes Wort nicht mehr verstehen können. Bei Dämmerung stehe ich öfter unter den künstlichen Schwalbennestern an unserer Scheunenwand und höre das leise Zwitschern und Piepsen. Abends ist bei Schwalben immer Gesprächskreis angesagt, bis die Sonne ganz untergegangen ist.

WEISSE EIER

Ostern ist ein buntes, fröhliches Fest, wenn es spät im April bei gutem Wetter stattfinden kann. Im Wohnraum stehen üppige Sträuße mit Tulpen und überall sitzen Holzhasen und hängen Deko-Artikel in Frühlingstönen. Das Färben hartgekochter Eier ist eine ganz wichtige Tradition bei uns und am liebsten habe ich hellbunte Knallfarben. Die Leuchtkraft dieser Flüssigfarben kann sich aber nur auf weißen Eiern entfalten. Und da Bio-Eier aus dem Supermarkt immer braun sind und ich andere niemals kaufen würde, gab es am Anfang ein Problem. Woher glückliche weiße Eier nehmen?

Manchmal liegt die Lösung ganz nah und ich spreche mit Herrn Seiler. Er bewohnt einen Hof schräg gegenüber auf der anderen Straßenseite. Es ist ein architektonisch schönes Gebäude mit Scheunen- und Wohnbereich. Am vierstöckigen Wohnteil fällt ein großer Erker auf, der mit seinem aufgesetzten Türmchen dem ganzen Ensemble einen Eindruck von Eleganz und Besonderheit verleiht. Herr Seiler lebt allein auf seinem großen Hof. Seit einem Jahr ist er in Rente und hat seine Arbeit bei der hiesigen Sparkasse ohne Traurigkeit abgegeben. Er hat nun viel Zeit für die Waldarbeit und seinen großen Gemüsegarten. Und für seine Hühner. Wir sehen sie jeden Morgen ab acht Uhr in ihrem weitläufigen Gehege unter Büschen, Obstbäumen und Blumen herumspazieren. Es gibt viele Sandbadewannen, die sich die Hennen graben, viel Gras zum Zupfen und einen malerischen Holzsteg hinein in den großen Stall mit Futter- und Wassersilo, mit Sitzstangen und unzähligen Kästen zum Eierlegen. Etwa achtzehn Hennen leben komfortabel zusammen – und ein Hahn. »Ein Hahn hält Ordnung in der Gruppe, ohne Hahn geht es nicht.« Herr Seiler ist ein erfahrener Hühnerhalter.

Der Hahn ist prächtig, mit schönem weißen Federkleid und einem knallroten Kamm. Seine Damen sind ebenfalls weiß oder braun. Ich habe mir erklären lassen, dass die Farbe ihrer Kehlflecken maßgeblich ist für die Farbe ihrer Eier. Also nicht unbedingt weißes Huhn legt weißes Ei und braunes Huhn ein braunes Ei. Nein, so einfach denkt sich das nur der Laie. Die fleißigen Hühner legen also braune und weiße Eier. Und wir bekommen jeden Samstag von Herrn Seiler zehn vorbeigebracht. Braune und weiße gemischt, große Eier von erwachsenen Hühnern und kleine Eier von jüngeren Hennen. Nur an Ostern, da gibt es für mich ausschließlich blütenweiße Exemplare zum Färben.

HÜHNERPFLEGER

Während eines Frühsommers werden wir Hühnerpfleger. Herr Seiler muss sich einer Hüftoperation unterziehen und fällt wegen einer Reha für sechs Wochen aus. »Könnten Sie bei den Hühnern nach dem Rechten sehen, solange ich weg bin?« »Ja, das machen mein Mann und ich doch gerne, nur sollten sie mir genau zeigen, was zu tun ist.« Wir gehen zusammen zum Hühnergehege. Ein hoher, dichtmaschiger Drahtzaun umgrenzt eine Fläche von dreihundert Quadratmetern, an die sich ein Holzschuppen anschließt, der Stall, Futter- und Holzlager ist. Im Hühnerstall werde ich in das Befüllen von Futter- und Wassersilo eingewiesen und erfahre, wie der Tagesplan der Hühnerschar so aussieht. »Morgens früh wollen die Hühner nach draußen, dann kontrolliere ich Wasser und Futter. Abends kurz vor der Dämmerung müssen die Tiere rein, eigentlich kommen sie von alleine, aber man muss trotzdem sehen, dass alle drin sind und danach das Türchen verriegeln. »Wenn es passt, könnten Sie die Eier einsammeln. Familie Lenz bekommt zehn, meine Haushaltshilfe sechs, die Sie einfach vor das Holzlager legen können. Ansonsten, wenn sie mal keine Zeit haben, lassen Sie die Tiere einfach im Stall.« »Kommt nicht in Frage, das organisieren wir schon zuverlässig. Die Hühner dürfen jeden Tag raus. Machen sie sich keine Gedanken.« Ich könnte niemals die netten Hennen eingesperrt lassen und sehe, dass sich das Pflege-Programm leicht an die Pony-Versorgung anschließen lässt. Also ein nur kleiner Mehraufwand, bis auf die Übernahme-Verpflichtung des Lieferdienstes am Wochenende. Na ja, Familie Lenz ist nett und ihr Forsthaus liegt zu Fuß genau fünf Minuten entfernt. Da werde ich Monty mitnehmen, der sich immer über eine Begegnung mit der dort wohnhaften Deutsch-Drahthaar-Hündin Cora freut.

Alles läuft die ersten Tage bestens, bis Tag fünf morgens ein totes Huhn im Stall liegt. Es erschreckt mich mächtig, aber ich überwinde mich und versuche, die Todesursache durch Augenschein festzustellen. Das Tier ist unversehrt, nichts ist zu erkennen. Was nun tun mit dem toten Federvieh? Die Haushaltshilfe ist mit den Gewohnheiten im Hause Seiler seit vielen Jahren bestens vertraut und erklärt mir, dass man das Huhn am besten zum Waldrand bringt und dort ablegt. Der Fuchs wird es finden und die Sache ist vergessen.

Die Sache ist nicht vergessen, denn weitere acht Tage später wiederholt sich das traurige Ereignis. Mit gerichtsmedizinischer Genauigkeit stelle ich fest, dass nichts festzustellen ist. An meiner pflegerischen Sorgfalt kann es wohl hoffentlich auch nicht liegen, denn die anderen Hennen scheinen alle sehr lebenslustig zu sein. Wahrscheinlich ein böser Zufall, dass wir zwei Todesfälle gerade jetzt, wo wir verantwortlich sind, beklagen müssen. Ich bringe auch dieses Huhn zum Waldrand, wo der Fuchs langsam eine stetig sprudelnde Futterquelle vermutet. Zur Freude von Vater Reineke sind aller guten Dinge drei. Ein drittes Huhn wird ihm vier Tage später vorgelegt. Rainer und ich sind nun sehr betroffen. Ich telefoniere mit Herrn Seiler, der seine Operation gut überstanden hat und in der Reha die Todesnachrichten hoffentlich unaufgeregt hinnehmen kann. Er lacht: »Ach Gott, Frau Gildeggen, wissen Sie, das kommt immer wieder vor. Ich kann halt kein Huhn schlachten, die sterben an Altersschwäche. Machen Sie sich da mal keine Gedanken, ich will sowieso wieder vier bis fünf Junge dazukaufen.« Ich bin sehr erleichtert und freue mich über die Tatsache, dass es noch Hühner gibt, die gut leben und ihre Rentenzeit genießen dürfen. So, von aller persönlichen Schuld freigesprochen, geht unsere Pfleger-Zeit locker und ohne weitere Vorfälle zu Ende. Es hat Spaß gemacht, fast fehlt mir der allabendliche Gang zum Hühnerstall und die spannende Suche nach den gelegten Eiern. Auch habe ich heute eine viel engere Beziehung zu meinen »Paten-Hühnern«.

HAHN IM BILD

Ich plane die Hennenschar samt Hahn zu porträtieren. Beim Umzug vom modernen Designer-Haus in den Schwarzwald-Hof hat sich beim Gestalten der Wände schnell gezeigt, dass es an passenden Bildern fehlt. Die großformatigen, abstrakten Gouache-Bilder, die ich für das erste Haus angefertigt hatte, passen schon allein vom Format auf keine einzige Wand im Wohngeschoss. Bilder wie die von Carl Larsson wären perfekt. In meiner Schulzeit, so mit sechzehn, war ich großer Carl Larsson-Fan. Die Aquarelle des schwedischen Malers waren damals als Poster oder Postkarte absolut »in«. Seine Bücher »Das Haus in der Sonne«, 1909 erstmals erschienen, oder »Bei uns auf dem Lande« von 1906 fand ich toll, ohne zu ahnen, dass wir irgendwann im fortgeschrittenen Alter Brüder im Geiste werden würden. Er ist als Maler dem Trubel der Stadt entflohen, hat sich einen Hof gekauft und wurde, heute würde man sagen, Nebenerwerbslandwirt. Seine Bilder halten das bäuerliche Leben und die Landschaften in seinem Heimatland Schweden stimmungsvoll und im Detail fest. Genau solche Bilder möchte ich für unser Haus haben. Als Illustratorin fällt es mir nicht schwer, Malstile nachzuahmen und so beginne ich, unser eigenes »Haus in der Sonne« abzubilden. Szenen wie die Heuernte, die Ponys im Stall oder die blühenden Frühlingswiesen entstehen. Da Carl Larssons Aquarelle fast fotorealistisch sind, wandern in jedes der 70x100 cm großen Bilder bis zu zwanzig Arbeitsstunden. Ein Motiv sollen die glücklichen Hühner werden.

Das Risiko eingehend, dass Herr Seiler mich mehr als sonderbar findet, frage ich ihn, ob ich mich in das Gehege setzen darf, zwischen die Hühner, um Fotos für ein geplantes Aquarell zu machen. »Das können sie gerne, nehmen sie eine Handvoll Maiskörner und streuen sie die aus. Dann bleiben die Hühner um sie herum. Ich stelle Ihnen eine Schale davon hin.« Entweder er kann sein Befremden gut verbergen, oder er findet es ganz normal, dass er ab und an gefragt wird, ob seine Hennen mal als Models aushelfen könnten.

Ich setze mich mit meiner kleinen Kamera und den Maiskörnern vor das Stalltreppchen auf das kurzgepickte Wiesenstück und warte eine kleine Weile, bis mich Hahn und Hennen nicht mehr groß beachten. Dann streue ich eine Handvoll Körner aus. Sofort sind alle da und picken eifrig um mich herum. Jeder bekommt etwas ab, kein Streit, kein gegenseitiges Verjagen. Ich erinnere mich an die Worte von Herrn Seiler: »Ein Hahn ist wichtig, er hält Ordnung in der Gruppe.« Offensichtlich trifft das zu. Ich mache etwa achtzig Fotos als Vorlage für mein geplantes Aquarell und staune nicht schlecht, als ich sie auf meinem Computer-Bildschirm einzeln betrachte. Auf allen Bildern picken die Hennen Kopf nach unten, Hinterteil nach oben, eifrig die Maiskörner auf. Ihre Körperhaltung ist immer die gleiche, allein ihre Position zueinander verändert sich. Der Hahn aber steht ausnahmslos in der Mitte der Gruppe, immer aufrecht, immer schön und immer selbstbewusst. Ein stolzer Hahn, was soll man sagen.

So habe ich ihn im Aquarell festgehalten. Das Werk hängt mit einigen anderen im Treppenaufgang und tritt man näher heran, um die Feinheiten und Details des gesamten Motivs zu betrachten, blickt der Bursche einem stolz und direkt ins Gesicht. »Hier bin ich, ich bin wichtig, ich bin Chef.«

SPARSAME SCHWABEN

Ein anderes Aquarell dieser Serie hat den größten Zuspruch aus der Nachbarschaft. Es zeigt meinen Mann auf unserem »Roten Blitz«, wie er am Waldrand entlang tuckert. Während für mich beim Malen die Landschaft genauso wichtig war wie das Abbilden des Schleppers mit Fahrer, sieht unser Nachbar Siegbert die Sache komplett anders.

Siegbert wohnt am Ende der Straße in einem Mehrgenerationen-Hof. Seine Familie lebt hier schon immer. Er, seine Frau, beide erwachsenen Kinder und die Großeltern teilen sich das große vierstöckige Gebäude, was nicht immer einfach und harmonisch vonstattengeht. Er liebt seine landwirtschaftlichen Geräte und hat sich vor ein paar Wochen einen nagelneuen, großen, blauen Traktor angeschafft. Er ist sehr stolz auf seinen Neuerwerb und möchte, dass ich ihn auf seinem Fahrzeug portraitiere.

Zuerst verstehe ich sein Anliegen nicht so richtig, weil er das, was er will, etwas schamhaft umschreibt. »Das ist doch Rainer auf eurem Schlepper, sowas könnte ich auch gebrauchen. Könntest du das mit meinem neuen Traktor auch malen?« »Ja natürlich, du möchtest ein Bild von dir und deinem Traktor haben, beim Fahren oder vor eurem Hof?« Siegbert strahlt: »Ja genau, so habe ich es mir gedacht.« Da ich als Badener nach etlichen Jahren endlich die Denkweise der meisten Schwaben verstanden habe, ist es bei unserem Gespräch nun an der Zeit, die wirklich entscheidenden Informationen zu geben: »Das ist kein Problem, ich müsste ein paar Fotos machen, möglichst bei gutem Wetter vom Traktor, mit dir beim Fahren und vor dem gewünschten Hintergrund. Damit kann ich dann arbeiten. Zum Aquarellieren brauche ich etwa zwanzig Stunden in diesem detailreichen Stil.« Siegbert begreift in diesem Moment, dass er so ein Bild auf keinen Fall für eine Flasche selbst gebrannten Schnaps geschenkt bekommt: »Ah ja, so geht das.« Ich weiß, dass er in Gedanken bereits seinen Wunsch aufgegeben hat. Er und sein Traktor im Porträt, das wäre etwas gewesen. Das hat nicht jeder. Aber so ein Bild kostet, es kostet zu viel für einen sparsamen Schwaben, und vielleicht ist es ja auch überspannt. Man will ja auf gar keinen Fall auffallen oder sich unvernünftige Dinge anschaffen.

Ja, die Schwaben! Früher dachte ich, dass all die Witze und Anekdoten über Schwaben, Badener, Pfälzer und Co nur freche, spaßige Erfindungen wären. Heute weiß ich, ein gutes Stück Wahrheit liegt alledem nachweislich zu Grunde.

Am Anfang fällt es uns gar nicht auf, dass sich unsere Nachbarn nie gegenseitig nach Hause einladen. Auch bei schönstem Sommerwetter sitzt man noch nicht einmal am Wochenende zusammen im Garten zum Essen oder Kaffee trinken. Gefeiert wird nur bei »offiziellen« Anlässen wie Geburtstagen. Und gar einmal auf der Sonnenliege draußen zu entspannen?

Niemals! Da könnte man ja gesehen werden beim Nichtstun und Faulenzen. Unvorstellbar! Als Badener, geprägt von üppiger Landschaft, grenznah zur französischen Lebensart, mit Vorlieben für Wein und jegliche Art lukullischer Genüsse, laden Rainer und ich sehr gerne und häufig Freunde ein. Dann sitzen wir im Hof, essen, trinken, lachen, reden und haben Zeit füreinander. Inmitten der herrlichen Schwarzwald-Landschaft, unter blauem Himmel und strahlender Sonne schmeckt der Winzersekt aus dem eine Fahrstunde entfernten Rebland um Durbach und Sassbachwalden konkurrenzlos gut. Nun müsste man annehmen, so im Schwabenland ansässig, wären wir gänzlich auf die alten Freunde aus dem Badnerland und der Pfalz angewiesen, um das Feiern und Genießen hier oben nicht zu verlernen.

Das hätte wohl passieren können, hätte das Schicksal uns nicht einen neuen Nachbarn und besten Freund geschickt.

DAS JUWEL

Die alte Frau Frey aus der Nachbarschaft ist gestorben. Ich hatte sie kurz nach Beginn unserer Sanierungsarbeiten einmal besucht, um mich vorzustellen. Sie saß vor ihrem großen Hof und es waren noch keine drei Worte gesprochen, als sie sich schon entschuldigte. »Es tut mir leid, dass es hier so aussieht. Aber wissen sie, ich kann das halt nicht mehr mit dem Garten.« Dass es ihr körperlich nicht gut ging, sah ich sofort. Eine alte Bäuerin mit krummem Rücken, faltigem, von der Sonne gegerbten Gesicht, großen, kräftigen Händen und freundlichem Lächeln. Wir haben uns fünf Minuten unterhalten, dann ging sie mit langsamem Schritt in ihr Haus und ich konnte hören, wie mühsam sie sich die knarrende Holztreppe in ihr Wohngeschoss hinaufbewegte. Es war das erste und auch einzige Mal, dass ich sie gesehen habe. Als es kurz darauf zum Erbfall kommt, sind dreiundzwanzig erbberechtigte Familienmitglieder angesprochen. Es geht um Wald, Wiesengrundstücke, Bauplätze, den alten Hof mit Scheunenteil und um ein danebenstehendes Altenteiler-Haus.

Das kleine, zweistöckige Gebäude mit Giebeldach und einer Grundfläche von achtzig Quadratmetern sollte, wie früher so üblich, das Domizil der alten, nicht mehr leistungsfähigen Hofbauern werden. Frau Freys Mann verstarb aber leider sehr früh, und so wurde das einstmals recht schmucke Schindelhäuschen nie seiner Zweckbestimmung zugeführt. Es stand meist leer und wurde nur wenige Male kurzzeitig vermietet. Nun leben Marder, Siebenschläfer und halbwilde Katzen darin und hinterlassen seit einigen Jahren Duftmarken und andere Schäden. Das Häuschen ist ein totales Sanierungsobjekt mit verwunschenem Charme.

Meine Freundin Waltraud ist jedes Mal, wenn sie uns besucht, von Neuem fasziniert von dem kleinen, wie sie meint, Juwel. »Gabi, wenn du hörst, dass dieses Teil einmal verkauft werden soll, gib mir Bescheid. Das wäre mein Traumhaus.« »Ich halte die Augen auf, klar«, verspreche ich ihr. Waltraud ist bereits in Rente, war Lehrerin, hat vier Kinder zu tüchtigen Mitbürgern erzogen und sich von einem untreuen Ehemann getrennt. Sie ist eine echte »Kräuterhexe«, kennt alle Pflanzen und Vieles über alternative Heilmittel, hat eine Ausbildung zur Waldpädagogin gemacht und besucht liebend gerne Märchenseminare oder Klostertage. Ich denke, das Häuschen würde perfekt zu ihr passen. Und da sie sehr kontaktfreudig ist, fände sie sicher bald gute Beschäftigungsmöglichkeiten in unserer Gemeinde.

Plötzlich steht das Häuschen tatsächlich zum Verkauf. Es wird vom großen Hof grundbuchmäßig getrennt und soll separat veräußert werden. Wir melden für Waltraud unser Interesse an und bekommen als erste einen Besichtigungstermin und, wenn wir wollen, den Zuschlag.

Waltraud fährt mit einem Architekten ihres Vertrauens aus Karlsruhe an, um das Objekt prüfen zu lassen und sich dann zu entscheiden, ob ihr Traum Wirklichkeit werden soll. Ich bin sehr gespannt, was der Kriegsrat der Beiden, der fast eine Stunde vor Ort tagt, nun an Ergebnissen bringen wird.

Waltraud, Rainer und ich sitzen am großen Tisch in unserer Wohnküche und staunen nicht schlecht, als der Architekt von unterirdischen Wasseradern, schlechten Schwingungen und anderen negativen Eigenschaften des kleinen Schindelhauses referiert. Wir hatten erwartet, etwas über die Bausubstanz, den Sanierungsaufwand und die Kosten zu hören. Aber dieser vorgetragenen Betrachtungsweise der Immobilie können Rainer und ich so garnicht folgen. Allein Waltraud ist ganz eins mit den Ausführungen des für uns doch sehr alternativen Architekten mit deutlich esoterischer Prägung. Sie weiß, wen sie da als Sachverständigen mitgebracht hat.

Schließlich platzt so ihr Traum, das lang bewunderte Juwel einmal kaufen zu können im Handumdrehen. Auch alle freundschaftlichen Versprechen unsererseits, ihr bei der Sanierung mit Rat und Tat zur Seite zu stehen, helfen nichts. Waltraud will und traut sich nicht mehr zuzugreifen. Und ich verstehe, dass wohl auch andere Gründe und Gefühle, die sie niemals thematisieren würde, im Stillen gegen den Kauf sprechen. Für manche Menschen ist ein unerfüllter Traum viel schöner, als ein wahr gewordener, der vielleicht auch Probleme und Enttäuschungen gebracht hätte. So zieht meine Karlsruher Freundin nicht in unsere Nachbarschaft und wird später im ererbten Haus ihrer Eltern mit großem Garten in Spielberg, in einem ländlich geprägten Landkreis von Karlsruhe, auch sehr heimisch und glücklich.

Nun kommt ein zweiter Interessent für das kleine Haus zum Zuge. Er besichtigt und entscheidet: gekauft! Als wir Georg zum ersten Mal auf der Straße treffen, ist er sehr zurückhaltend und wir natürlich neugierig auf unseren neuen Nachbarn. Ein schlanker, sportlicher Mann in unserem Alter, der Sprache nach kein Schwarzwälder. »Oh, ich war mir unsicher, ob sie jetzt nicht verärgert sind, da ich hörte, dass eine Bekannte von Ihnen das Haus wollte und ich es nun ganz schnell gekauft habe. Das tut mir leid«, versucht er seine vorsichtige Distanz zu erklären. »Nein, überhaupt nicht, es ist alles in Ordnung. Meine Freundin hatte ihre Chance und hat sich dagegen entschieden. Wir freuen uns, dass sie kommen und das alte Haus sanieren wollen.« »Da wartet viel Arbeit auf sie. Wir bauen auch schon zwei Jahre an unserem Teil. Es macht Spaß, und man freut sich immer, wenn wieder etwas fertig geworden ist«, erklärt Rainer unsere gegenwärtige Lebenssituation. »Ja, ich weiß schon, was ich da vor mir habe. Ich werde sehr viel selber machen und habe auch die Zeit dafür. Das wird eine Herausforderung und vielleicht können Sie mir ab und an gute Tipps geben.« »Gerne, wir haben bis jetzt schon manche Erfahrung gemacht. Wenn Sie Lust haben, kommen Sie doch einfach bei uns auf ein Glas Wein vorbei. Das wäre nett.« So schnell hat mein Mann selten eine Einladung ausgesprochen. Für die Tatsache, dass wir uns alle drei sofort sympathisch finden, gibt es einen Grund. Wie sich beim darauffolgenden Besuch herausstellt ist Georg Badener, aus Forchheim, direkt bei Karlsruhe. Er lebt schon viele Jahre hier im Schwarzwald, ist geschieden, hat zwei erwachsene Kinder und arbeitet ganz in der Nähe in einer Förderschule als Sonderschulpädagoge.

Zwei Jahre baut Georg recht fachkundig an seinem Häuschen und es wird ein Juwel. Zwischen uns und ihm findet ein reger Wissenstransfer statt. Hatten uns die Freunde, die vor uns einen alten Bauernhof im Hotzenwald sanierten, mit ihren Erfahrungen manchen Fehler erspart und konstruktiv weitergeholfen, so sind wir für Georg nun die Ratgeber, Diskussionspartner und manchmal auch Aushilfskräfte. Bei Baubeginn wird sein Schindelhaus unter Denkmalschutz gestellt, was das strikte Einhalten von staatlichen Vorgaben bedeutet. Dafür aber fließen Fördergelder in die Dämmung, eine neue Schindelfassade, Fenster mit Klappläden und in ein schönes Dach mit Biberschwanz-Ziegeln. Wie bei unserem Hof darf ein luftiger Stahlbalkon angebaut werden. Ein kleiner Schuppen und ein Carport schaffen später noch weiteren Stauraum und einen geschützten Platz für das Auto. Innen heizt ein leistungsfähiger Kachelofen die Wohnräume auf zwei Etagen. Als noch eine Solaranlage auf das Dach des Carports montiert wird, ist Georg, was wir Nachbarn alle sehr bewundern, energetisch fast autark.

Wann immer Wanderer durch unsere kleine Straße gehen, an der alle vier Höfe liegen, bleiben sie vor Georgs rosenumranktem Häuschen stehen. Es wird mit Lob und Worten wie süß, verwunschen, wunderschön und romantisch gepriesen. Wir Hofbesitzer mit den riesigen Wohngebäuden, Scheunen und gepflegten Gärten tun, was wir können, fallen aber neben Georgs Juwel überhaupt nicht ins Gewicht.

Schon bald nach Georgs Einzug etablieren wir badische Lebensart hier oben im Nordschwarzwald, im Schwabenland. Wir drei haben regelmäßig die Möglichkeit, wenn es draußen schön warm ist, uns zum Essen in der Mittagssonne zu treffen. Ein kurzer Zuruf über die Straße, schon ist die Sache beschlossen. »Ein Uhr bei uns im Hof.« Der Nachbar bringt die Flasche Sekt und selbst gebackene Blätterteig-Schnecken mit und wir einen griechischen Salat, Käse, Feigensenf, Salzmandeln und zum Nachtisch Kekse, Eis oder was uns sonst so einfällt. Jedes Mal gibt es gute Gespräche und viel zu Lachen. Und wenn die »emsigen Schwaben« vorbeilaufen, uns im Hof genießen sehen und vielleicht etwas missbilligend unser Tun zur Kenntnis nehmen, kümmert uns das nicht. Wir feiern das Leben. Zwei Stunden später sind auch wir wieder bei der Arbeit und sicher nicht weniger erfolgreich.

ALTROSA

Ein starkes Jahr nach Fertigstellung des Schindelschirms soll unser Haus nun gestrichen werden. Traditionell hat man bei den alten Höfen die Giebel mit Schlupf- und Deckelschalung, das Mittelteil des Hauses mit Schindeln und das Erdgeschoss mit verputzten Sandsteinen aufgebaut. Auch unsere neuen, noch rohen Fensterläden brauchen Farbe. Da freut sich der Designer auf eine schöne Aufgabe. Auf dem Zeichenpapier entwerfe ich einige Varianten und Rainer einigt sich mit mir auf die Farben: Sandsteinrot, Hellgrau, Hellocker, Weiß und Tannengrün. Es sollen Farben sein, die in der Natur vorkommen und zum roten Ziegeldach und den weißen Sprossenfenstern passen. Bei der Farbenfirma im benachbarten Dornstetten lasse ich die Außenfarben nach meinen Mustern anmischen, und die Maler machen sich an die Arbeit. Sie haben bereits die Innenarbeiten in der EG-Wohnung fachkundig ausgeführt. So haben wir viel Vertrauen und sehen, wie die Arbeit voran geht.

Gerade sind etwa fünf Quadratmeter der Schindeln gestrichen, als ich mich vor die Westseite unseres Hauses stelle, um die Wirkung der Farben zu begutachten. Ich werde immer unsicherer. »Rainer, kannst du dir das mal ansehen. Ich weiß nicht, aber irgendwie wirkt die helle Ockerfarbe auf der großen Fläche fast rosa. Ist das gut?« Jetzt steht mein Mann ebenso nachdenklich vor der Wand. »Ja, wenn die Sonne so darauf scheint, hast du recht. Das Ganze hat wirklich einen Stich ins Rosa.« Eigentlich ist die Farbe nicht schlecht, aber wenn das Haus rosa aussieht? Wollen wir ein rosa Haus? Da es Freitagnachmittag ist, sind wir wenigstens nicht im Entscheidungszwang. Es wird ja nicht weiter gestrichen. Die Maler sind bereits ins Wochenende gegangen. Barbara und Bertram wollen morgen zu Besuch kommen, mal sehen was sie dazu sagen.

»Ach, mit der Zeit wird die Farbe eh etwas stumpfer, das ist nicht so schlimm mit dem Rosa-Stich.« Barbara ist sehr pragmatisch, hat aber gerade ihr Urteil abgegeben. Rosa geht eigentlich nicht. »Bertram, was meinst du?« Ich möchte jetzt auch seine Meinung hören. »Mich kannst du zu so etwas nicht fragen, für mich ist das alles in Ordnung.«

Ich schlafe noch eine Nacht darüber und besuche am Montagmorgen die Farbenfirma. Meine Strategie lautet: Ausprobieren. Drei Nuancen des Ocker-Tones lasse ich in kleinen Mengen anmischen und die Maler streichen mir jeweils einen Quadratmeter auf die Schindelfassade. Da die Außenwände zweimal gestrichen werden müssen, ist das keine Verschwendung von Farbe und Arbeitszeit, sondern die erforderliche Grundierung. Bald stehen wir wieder vor der Schindelwand und haben die Wahl. Rainer und ich sind uns schnell einig, der ins Gelb gehende Ockerton ist es. Auch die zufällig vorbeikommenden Nachbarn dürfen beim Auswählen mitmachen. Das Ergebnis ist eindeutig. Gelb-Variante schlägt Rosa-Variante. Da wir als neu zugezogene Städter ehrlich gesagt auch nicht den Mut haben, mit einem rosa Haus aufzufallen, ist die Entscheidung nun getroffen.

Acht Jahre später erzähle ich diese Geschichte gerne, denn schön sanierte Bauernhöfe erstrahlen gerade bevorzugt in blassem Altrosa. Das ist absolut Zeitgeist. In zehn bis zwölf Jahren muss unsere Hausfassade erneut gestrichen werden, solange hält die Farbe

Wind und Wetter aus. Dann haben wir noch einmal die Gelegenheit, vielleicht dieses Mal zum Trendsetter zu werden.

Ich streiche vierundfünfzig Fensterläden in Tannengrün mit hellgrauen Kassetten, die Sockel des Hauses in sandsteinrot und die drei großen Garagentore in hellgrau mit gelb-ocker.

MALKURSE

Nun müsste man annehmen, dass mein Bedürfnis einen Pinsel in die Hand zu nehmen nach dieser gewaltigen Aufgabe gegen Null geht, aber ein Malerpinsel ist eben kein Künstlerpinsel. Die Sanierung des Hofes geht langsam dem Ende zu. Wir beschäftigen immer weniger Handwerker und ich habe mit deren Kostenkalkulationen, Koordinierung, Terminüberwachung und Qualitätskontrolle deshalb immer weniger Arbeit. Ich könnte mir eine neue Aufgabe suchen. Ich könnte Malkurse anbieten. Wie komme ich nur auf diese Idee? Mein letzter ernst zu nehmender Auftrag in der Werbung liegt mittlerweile fünf Jahre zurück. Malkurse geben wäre damals für mich ganz und gar unsinnig gewesen. Habe ich mich derart verändert, dass mir so eine Aufgabe plötzlich herausfordernd erscheint? Auch unter Marketing Aspekten ist die Idee komplett verrückt. Bei der ländlichen Bevölkerung wird dieses Dienstleistungsangebot wahrscheinlich wenig nachgefragt. Fernab von großen Städten ist die Zielgruppe in meinem Umfeld hier viel zu klein. Kein öffentliches Verkehrsmittel führt häufig und regelmäßig zu unserem Hof. Die Anfahrtszeiten mit eigenem PKW sind in der Regel zu lang.

Ich mache es trotzdem.

Rainer zimmert mir vier große Arbeitstische. Wir räumen den Wohn-Küchenraum der Erdgeschosswohnung aus, die, wenn weder die Eltern noch Freunde über Nacht bleiben, hauptsächlich leer steht. Das geht schnell, und alles ist genau so einfach wieder zur Wohnung ummöbliert. Und so bekomme ich vierzig Quadratmeter Malraum mit Küche, um meine Idee auszuprobieren. Zum ersten Mal versuche ich etwas zu realisieren, das mir keinen wirklichen Verdienst bringen wird, sondern im besten Fall ein Taschengeld und hoffentlich viel Spaß, sowie die Gesellschaft netter, kreativer Menschen.

Ich entwerfe eine kleine Anzeige und schalte sie in der hiesigen Regionalzeitung, dem Schwarzwälder Boten. Sieben Frauen und ein Mann melden sich zu einem Malkurs an. Die Frauen sind in der Mehrzahl schon geübte Malerinnen, die an der Volkshochschule Kurse belegt hatten. Jörg ist Autodidakt und als pensionierter Ingenieur, was das Zeichnen betrifft, ein Profi, der mit Perspektive und komplizierter Geometrie keinerlei Probleme hat. Alle wollen mit Aquarellfarbe arbeiten. Niemand möchte auf großen Formaten malen, und so erübrigt sich zunächst das Bereitstellen von Staffeleien.

»Wir durften bei Frau Hertel kein Schwarz im Aquarellkasten haben, das mussten wir uns mischen und auch kein Grün, das ging nur aus Gelb und Blau.« Die fünf Volkshochschul-Frauen erklären mir die besondere Ausstattung ihrer Aquarellkästen. Es fehlt darin Schwarz und jeglicher Grünton. »Das ist interessant, so kennt ihr alle die additive Farbmischung. Aber ist es nicht schade, auf die vielen schönen, klaren Grüntöne, die es zu kaufen gibt, zu verzichten. Auch ein sattes Schwarz ist als Mischung so nicht zu erreichen.« Ich bin vorsichtig und möchte meine ersten Kursteilnehmer nicht vor den Kopf stoßen. »Meiner Meinung nach sollte man in der Kunst frei und ohne starre Regeln arbeiten dürfen. Dafür sind wir doch kreativ.« Die Meisten haben ein Urlaubsfoto oder ein Bild aus einer Gartenzeitschrift mitgebracht, um es zu aquarellieren. »Für diejenigen unter euch, die sich nicht mit dem Abzeichnen beschäftigen wollen, sondern gleich mit der Farbumsetzung, habe ich einen Kopierer, der vergrößern kann. Wenn ihr wollt, paust das Motiv auf Transparentpapier grob durch und bringt diese Vorzeichnung auf die gewünschte Größe. Für das Übertragen auf das Aquarellpapier könnt ihr den Leuchttisch hier benutzen.«

Entsetzte Gesichter sehen mich an. »Darf man das denn?« »Was soll man nicht dürfen?« »Abpausen!« »Ja, warum denn nicht. Die berühmtesten Maler haben sich der Hilfsmittel bedient, die es zu ihrer Lebenszeit gab. Man hat Gitternetze benutzt, Pantographen erfunden, Dias auf Malgründe projiziert.« Es scheint, als hätte ich gerade eine Art Ehrenkodex meiner Malschüler missachtet und über Bord geworfen. Schnell versuche ich zu relativieren: »Zeichnen lernen ist eine Disziplin für sich. Größenverhältnisse richtig zu sehen und auf Papier zu bringen, erfordert sehr viel Übung und ist natürlich die Grundlage für das Malen. Gerne können wir das Zeichnen einmal zum Thema machen. Wer aber am liebsten gleich mit seinen Aquarellfarben starten will, kann durch das Abpausen die Aufgabe des korrekten Vorzeichnens einfach auslassen.«

Meine umstürzlerische Saat geht schnell in den Köpfen der lernbegeisterten Teilnehmer auf. Einige pausen ohne Schuldgefühle glücklich ihre Vorlagen durch. Andere zeichnen ihr Foto frei mit Bleistift ab und vertrauen auf den mitgebrachten Radiergummi, der jegliche Mängel verringern kann.

Die Stimmung ist gut und bald gibt es Kaffee und angeregte Unterhaltungen. Man lernt sich kennen und spürt, dass sich eine wirklich nette Gruppe gefunden hat. Jeder lobt selbstlos die Arbeit des Anderen und ich werde von Tisch zu Tisch gerufen, um zu helfen. Auch das Vertrauen in die Fähigkeiten der Lehrkraft wächst.

»Gabriele, kannst du mir das mal verbessern, irgendwie kriege ich das nicht hin.« »Darf ich in dein Bild hinein malen?« »Ja klar, bitte.« Ich bekomme den Pinsel ausgehändigt und erkläre, was ich nun machen werde. Nach ein paar Korrekturen ist alles wieder im Lot. »Super, das sieht jetzt ganz anders aus, danke.« Ich weiß, dass meine Malschüler immer mit einem guten Bild nach Hause gehen sollten. Sie brauchen ein Erfolgserlebnis, dann kommen sie wieder. Und ich muss in den ersten Stunden herausfinden, wer wieviel Kritik vertragen kann und wer ein Mehr oder Weniger an individueller Ansprache erwartet.

Sie kommen alle wieder, alle mit Schwarz und vielen schönen Grüntönen in ihren Aquarellkästen. Ich selbst lerne meine neue Aufgabe als Zeichen- und Mallehrerin immer besser auszuführen. Nur das Ein- und Ausräumen der Maltische ist auf die Dauer recht mühsam. Und da Rainer und ich, was das Bauen anbelangt, langsam Entzugserscheinungen haben, entscheiden wir uns für den Ausbau des Dachgeschosses.

Noch einmal wird gedämmt, gemauert, gemörtelt, gestrichen und verschalt. Volker, unser Bauberater und Universalhandwerker, hat uns gut ausgebildet und fit gemacht. Und wir sind mittlerweile so geübt, dass das 120 Quadratmeter große Atelier mit Küche und Bad in acht Monaten fertig gestellt ist. Nun zeigt sich, wie gut die Entscheidung war, bei der Sanierung des Daches lange Reihen von Dachflächen-Fenstern einzubauen. Zusammen mit den Giebelfenstern flutet von allen Seiten viel Tageslicht herein. Der oberste Dachstuhl mit weiteren Dachflächen- und Giebelfenstern wird miteinbezogen und so entsteht ein großes, helles Atelier mit viel Luftraum über zwei Etagen hinweg. Hier oben liegen alle Tragbalken frei und man sieht, wie kunstvoll die senkrechten, waagerechten und schrägen massiven Hölzer dem großen Haus seine Stabilität und Form geben. In Gedanken ziehe ich den Hut vor den kundigen alten Zimmerleuten, die vor zwei Generationen in der Lage waren, dieses große Haus für weitere Generationen von Bewohnern äußerst solide und stabil zu bauen.

Die Malkurse, die im Frühjahr und Herbst mittlerweile regelmäßig stattfinden, ziehen nach oben. Nun sind die Bedingungen für fast alle Mitwirkenden nahezu ideal, bis auf die nicht mehr ganz so jungen Malschüler. Einige Teilnehmer haben die siebzig Lebensjahre schon gut erreicht und brauchen ihre Zeit, die drei Stockwerke ins Atelier hoch zu steigen. Die Jüngeren, die um 17.30 Uhr noch ganz in der Hektik ihres Jobs nach oben hechten, behaupten, dass im Atelier angekommen, der ganze Berufsstress von ihnen abfällt. Ob Jung oder Alt, alle finden die nötige Ruhe und Inspiration. Zweieinhalb Stunden wird gearbeitet, meist herrscht konzentrierte Stille. In einem Kurs jedoch ist man sich einig, dass man mit leiser, musikalischer Untermalung noch viel kreativer sein kann. Die Musikanlage liefert in diesem riesigen Raum mit bester Akustik Melodien von Glenn Miller. Und wenn »*In the mood*« erklingt, bekommen alle Kunstschaffenden einen unglaublichen Energieschub.

Obwohl der Anteil der männlichen Kursteilnehmer gering ist, sind sie es, die auch zuhause malen und ihre Werke nach der Sommer- oder Winterpause gerne zur Begutachtung mitbringen. »Ach, ich habe überhaupt nichts gemacht.« Viele Frauen entschuldigen sich fast beim Anblick der unzähligen neuen Werke ihrer männlichen Mitstreiter.

Der malende Mann hat es in der Regel einfach. Ein kurzer, informativer Hinweis für die Ehefrau, und schon sitzt er ruhig und ganz fokussiert zuhause am Tisch und »arbeitet«. Die malende Frau dagegen hat ganz andere Hürden zu nehmen. Zunächst muss sie sicherstellen, dass es allen in der Familie gut geht. Dann muss der Haushalt sauber und versorgungstechnisch auf der Reihe sein. Es darf auch nichts Dringendes anliegen. Erst dann kann sie in Erwägung ziehen, Malblock und Farbkasten herauszuholen und zu malen. Bleibt für sie die Frage, ob man wirklich ganze zwei Stunden für sich und die Kunst haben kann, denn eine Stunde zum Malen lohnt ja nicht. Nein, kann man wahrscheinlich nicht, lieber verschiebt man das Malen bis man mal genug Zeit an einem Stück hat. Genug Zeit hat man sehr selten. Deshalb malen Frauen zuhause so gut wie nie.

TIBRA

Unsere kleine Islandpferde-Gruppe, die mittlerweile aus vier Ponys besteht, bekommt noch einmal Zuwachs. Die Halbschwester unseres jüngsten Wallachs »Jörvi« wollen wir vom Züchter im Westerwald holen. Diesmal wissen wir schon viel besser, wie man ein neues Pferd ohne großen Stress und Kampfblessuren eingliedert. Als Jörvi mit vier Jahren in die kleine Herde kam, standen wir vor einigen Problemen. Er war gerade gelegt worden, hatte aber noch ausreichend männliche Hormone im Körper, um unsere Stute Snot ständig zu bedrängen und mit Kvistur kam es zu ernsten, unerbittlichen Hengstkämpfen. Ruhe gab es erst, als wir die Streithähne mit aufwendigen Baumaßnahmen auf Stall, Paddock und Weise voneinander trennten. Es dauerte über ein Vierteljahr, bis alle friedlich zusammengefunden hatten und die trennenden Maßnahmen wieder zurück gebaut werden konnten.

Nun soll die Gruppe eine neue Stute akzeptieren. Die Rangordnung untereinander wird sich erneut verändern.

Früh am Morgen fahren Rainer und ich mit dem Pferdehänger los. Den Züchter, Herrn Wessel, zu besuchen, macht immer viel Spaß. Es gibt vielversprechende Jungpferde zu sehen, Neuigkeiten aus der Islandpferde-Szene zu erfahren und man sitzt gemütlich beisammen. Da aber unsere Heimfahrt gute fünf Stunden betragen wird, sind wir dieses Mal nicht ganz so entspannt und achten darauf, nicht zu spät loszukommen. Tibra, unsere vierjährige braune Stute, ist schon gestern von der großen Stutenherde auf der Weide in den Stall gebracht worden. Dort steht sie und weiß noch nicht, was sie erwartet. Ein Abschied für immer von den weitläufigen Wiesen des Aubachtales, ein Abschied von ihrer großen Pferdefamilie. Es wird ihr auch bei uns im Schwarzwald sehr gut gehen. Mit fünfeinhalb Jahren, nahezu ausgewachsen, mit stabilen Knochen und Vertrauen in die Menschen um sie herum, wird sie zum Reitpferd ausgebildet werden, mit Ruhe, Konsequenz und Freundlichkeit. Sie wird mein Reitpferd werden.

Wir wollen verladen. Die Tür des Pferdehängers ist zur Rampe abgesenkt. Tibra wird herangeführt und stemmt plötzlich ihre vier Beine mit aller Kraft in den Boden. Nein! In so einen engen Kasten läuft sie auf gar keinen Fall hinein. Bevor sie alles richtig begreift, fassen die starken Arme von drei entschlossenen Männern unter ihren Bauch, heben das Pony an und schieben es wie eine Schubkarre auf zwei Vorderbeinen in den Hänger. Klappe zu. Pferd drin. Sie ist ganz still, kein Toben, kein Wiehern. Sie hat Angst. Ich schlüpfe durch die vordere kleine Tür des Pferdehängers, knüpfe das Halfterseil mit einem Panikknoten an die Querstange und biete ihr ein Stück Karotte an. Sie nimmt es nicht. Auch meine beruhigenden Worte helfen nicht weiter. Schade, dass ich ihr nicht erklären kann, dass sie einfach nur die Fahrt durchstehen muss und im Schwarzwald von neuen Freunden erwartet wird.

Wir verabschieden uns von der Züchterfamilie und starten. Rainer fährt bei gleichmäßigem Tempo die Autobahn entlang. Wir hören hinten kein Gepolter und durch die Hänger-Fenster kann ich ab und an die gespitzten, braunen Ohren mit dem ockerfarbenen Rand erkennen. Sie ist o.k. Dann kommt die Strecke auf der Landstraße. Viele Kurven, bremsen und anfahren, für ein Pferd ist

das nicht einfach. Es muss immer wieder sein Gleichgewicht suchen und weiß im Voraus nicht, ob die Kurvenfahrt es nach rechts oder links zwingt. Diese körperliche Anstrengung, zusammen mit dem psychischen Stress als Flucht- und Herdentier, alleine in einem engen Raum eingezwängt zu sein, fordert alles von unserem Jungpferd. Die braune Stute ist nass geschwitzt als hätte sie einige Stunden im Dauerregen gestanden.

Endlich biegen wir in unseren Hof ein. Kvistur, Sori, Snot und Jörvi kommen von der Weide auf den Paddock galoppiert und stehen Spalier. Sie wissen genau, dass es jetzt interessant wird. Rainer öffnet die Hängerklappe, ich binde Tibra innen los, stelle mich zu ihr und versuche, sie ruhig rückwärts zu dirigieren. Rainer steht an der Seite, damit sie geradeaus nach hinten tritt und nicht seitlich von der Rampe stürzt. Es gelingt. Ein tropfnasses, aufmerksames Pony schaut sich um. »Prima hast du das gemacht, hier bist du nun zuhause.«

Ich führe Tibra auf die Wiese, die an den Paddock angrenzt und eine erste Kontaktaufnahme mit den zukünftigen Freunden ermöglicht. Sie hat ihre Artgenossen immer im Blick, aber die neue Umgebung und die Äpfel, die im Gras liegen, sind ebenfalls sehr interessant. Bald wirft sie sich ins Gras, wälzt sich, schüttelt ihren ganzen nassen Körper von Kopf bis Kruppe durch und schnaubt ab. Ein gutes Zeichen, dass sie nun entspannt ist. Die Nacht wird sie in einer der Boxen verbringen mit Sichtkontakt zu den anderen Ponys im Stall. Nach ein paar Tagen bekommt sie auf ihrer Wiese die Gesellschaft jeweils eines neuen Herden-Mitglieds. Und nach und nach lernt sie alle kennen.

Snot ordnet sich der jungen, wilden Geschlechtsgenossin bald unter. Sori weicht ihr ebenfalls aus. Jörvi ist wenig galant und die beiden streiten sich ständig. Hintern an Hintern wird gedrückt und gerempelt. Man beißt sich in die Beine und den Widerrist, schreit und keilt aus. Hallo, wo bleibt da der Familiensinn? Ihr seid doch Bruder und Schwester! Wirklich toll wird das Zusammensein mit Kvistur. Der Herdenchef ist freundlich, aber bestimmt und sie findet ihn ganz umwerfend. Ja, die jungen Frauen lieben einflussreiche Männer. Macht ist sexy. Da stört es auch nicht, dass Tibra ganze zwanzig Jahre jünger ist.

Nach drei Monaten leben alle friedlich beisammen und die Rangordnung ist geklärt.

MUT UND FREIHEIT

Eine gut funktionierende Herdengemeinschaft ist überaus wichtig, sie gibt Sicherheit und Schutz vor den Gefahren des täglichen Lebens. Auf die Probe gestellt wird die kleine Herde im Herbst des folgenden Jahres.

Es ist ein ruhiger Morgen, hauchdünner Nebel liegt über den Wiesen, gelbe und rote Blätter segeln lautlos aus den bunten Obstbäumen auf das noch grüne Gras. Etwa fünfzig Meter vom Paddock der Ponys entfernt bewegt sich etwas. Ein nie gesehenes, seltsames Wesen befindet sich unter dem knorrigen, alten Apfelbaum auf dem Treibgang. Es ist groß, es bewegt sich bedächtig, offensichtlich hat es Gefallen an den Äpfeln gefunden. Jetzt duckt es sich und ist kaum mehr zu erkennen. Liegt es auf der Lauer oder ruht es sich aus? Die Ponys stehen fast parallel ausgerichtet nebeneinander, die Hälse hoch erhoben, die Ohren nach vorne gerichtet, die Körper angespannt, reglos beobachtend, in höchster Konzentration starren sie auf den Platz des beunruhigenden Geschehens.

Die Morgensonne schickt ihre Strahlen und wärmt die rosa Haut des großen, kräftigen Tieres. Es hat sich hingelegt, genießt das wohlige Gefühl und einen nie gekannten Zustand, den man Freiheit nennen könnte. Es ist ein Schwein, groß, rund und gerade sehr glücklich mit sich und der Welt. Sein Zuhause liegt am Ende der Straße auf dem Bioland-Hof unseres Nachbarn Gerhard. Dort geht es allen Artgenossen eigentlich recht gut. Sie haben einen luftigen, sauberen Stall mit Fress- und Liegebereich, viel Platz, schönes Stroh und bestes Futter. Das Schwein wäre dort auch sicher wohnhaft geblieben, hätte es der Bauer am Abend zuvor nicht unsensibel von der Gruppe getrennt und in einen Hänger gesperrt. Es sollte am nächsten Morgen ganz früh zum Schlachter gefahren werden. Das mit dem Schlachter war dem armen Tier gnädigerweise nicht bekannt, aber alleine in dem engen, harten Kasten eine ganze Nacht verbringen zu müssen, war einfach nicht zu ertragen.

In der Not wächst man über sich hinaus. Das gilt für Menschen und offensichtlich auch für Schweine. Irgendwie ist es dem armen Tier gelungen, aus dem oben offenen Hänger heraus zu klettern und die Flucht zu ergreifen. Nun spürt es zum ersten Mal in seinem Leben die wärmende Kraft der Sonne und liegt im weichen, frisch duftenden Gras. Nach dem Apfelfrühstück und einem Verdauungspäuschen scheint ihm der Spazierweg durch den Wald Richtung Nachbarort ganz attraktiv, und es trabt erstaunlich leichtfüßig von dannen. Der Bauer, der wie geplant ganz früh morgens zum hiesigen Schlachthaus aufgebrochen war, traute seinen Augen nicht, als er dort angekommen den leeren Hänger öffnete. Mittlerweile musste er einfach glauben, dass sein akrobatisches Borstentier auf und davon ist. Schlecht gelaunt beginnt er zu rekonstruieren, wie das Schwein ihm abhandengekommen sein könnte. Am späten Nachmittag erreicht ihn dann ein Anruf aus dem Nachbarort, wo man das Tier gesichtet hat und er macht sich notgedrungen auf den Weg, um es einzufangen.

Ein warmer Herbsttag ist ideal zum Wandern und Natur genießen. Die Sommerhitze ist vorbei und die fliegenden Plagegeister wie Mücken und Bremsen sind vom ersten Nachtfrost dahingerafft. Dem Schwein geht es prächtig in der Freiheit, und da es zu einer recht intelligenten Spezies gehört, gelingt es ihm, sich in der Folge zwei Mal dem Zugriff seines Halters zu entziehen. Es meidet daraufhin jeden menschlichen Kontakt und wandert einfach so, lustgetrieben durch die herrliche Natur.

Ein Landwirt hat im Herbst auf den Feldern alle Hände voll zu tun und bestimmt keine Zeit einem entlaufenen Schwein ewig hinterher zu fahren, und so droht ihm bald keine Verfolgung mehr.

Drei Tage ist das mutige Schwein unterwegs, bis ihm sein Abenteuerurlaub wegen schlechter Verpflegung und wenig sozialer Kontakte keinen Spaß mehr macht. Es kommt zum Hof zurück und wird vom Bauern freudig wieder aufgenommen. Eine Woche lang darf es sich so richtig satt fressen, bis es erneut in den Hänger gesperrt wird und sofort auf seine letzte Fahrt aufbrechen muss. Es hätte Besseres verdient gehabt.

NUTZ – UND HAUSTIERE

Das so gepriesene romantische Landleben ist bei genauer Betrachtung garnicht so idyllisch. Tiere spielen dabei eine wichtige Rolle, und sie werden »benutzt«. Viele müssen sogar ihr Leben geben. Ist man weder Vegetarier noch Veganer, darf man, zumal als zugezogener Städter, diese Tatsache nicht beklagen. Ich klage, muss aber bekennen, dass mein Mann und ich zwar die vegetarische Ernährung vorziehen, aber leider nicht ausnahmslos einhalten. Die fleischlose mediterrane Küche ist unser Ding. Im Sommer! Ich könnte mich von Antipasti ernähren. Leider erstarken in der kälteren Jahreszeit die Gelüste auf ein Niedertemperatur gegartes Stück Roastbeef mit schönen Soßen und frisch gebackenem Brot. Für solch ein Verlangen wird ein kraftstrotzendes, lebenslustiges, gesundes, junges Rind getötet.

Ich sehe solche Rinder fast jeden Tag. In den Sommermonaten bevölkern sie die weitläufigen Wiesen um unseren Ort. Es sind Angus-Rinder, eine Mutterkuhhaltung mit ungefähr fünfzig Tieren. Lauter weibliche Tiere, die jedes Jahr ein Kalb auf die Welt bringen, das sie säugen und aufziehen. In der Herde gibt es Frauen-Freundschaften, eine Chefin, ausgelassen tobendes Jungvolk und den Erzeuger aller Nachkommenschaft. Der Bulle ist ein friedfertiger, langmütiger Vater, der inmitten seiner Weiberschar ein beschauliches Leben führt, bis er respektlos nach einiger Zeit aus Gründen der Inzucht ausgetauscht wird. Die Kälber werden nach einem dreiviertel Jahr von ihren Müttern getrennt. Die Kühe sollen sich erholen, bis sie wieder neuen Nachwuchs gebären müssen. Zwei Tage und Nächte hört man wie die Mütter nach ihren Kindern rufen und die Kinder nach ihren Müttern, bis sie einander vergessen können. Ein Brüllen, das mich jedes Mal sehr traurig macht. Ich habe einmal ein langes, freundliches Gespräch mit dem Landwirt geführt und Wort ergriffen für die beraubten Mütter, dass man ihnen die Kinder noch etwas länger lassen sollte, leider vergeblich.

Man darf nun nicht den Eindruck gewinnen, ein Rinderzüchter sei gegenüber seinen Tieren ohne Gefühle. Er ist verantwortlich für deren Gesundheit und Wohlergehen. Manchmal, wenn auch äußerst selten, brauchen die Kühe die Hilfe des Menschen ganz dringend. Sie brauchen Geburtshilfe.

So geschehen in einem Spätsommer. Auf meinem Hundespaziergang entlang der Rinderweiden bemerke ich eine Kuh, die nervös hin und her geht. Mitten im Geburtsvorgang steckt das Kalb fest. Nur die Hinterbeine ragen aus dem Körper der Mutter heraus, nichts weiter tut sich. Ich weiß, dass man nun schnell handeln muss. Den Landwirt finden, der ein Seil um die herausstehenden dünnen Beinchen binden wird und dann heißt es mit vereinten Kräften ziehen. Beim ersten Mal als Geburtshelfer hatte ich mich kaum getraut, alle Kraft einzusetzen, weil ich fürchtete, wir würden die Beine des Neugeborenen ausreißen.

Nun ziehen mein Nachbar Gerhard und ich so fest wir können und schließlich fällt das Kalb heraus. Tot. Die Nabelschnur um den Hals gewickelt, wissen wir, dass es falsch lag und beim Geburtsvorgang wohl erstickt ist. Beide sind wir betroffen und treten zur Seite. Die Kuh wendet sich dem toten Neugeborenen zu und fängt an das leblose Bündel abzuschlecken, sie stupst es mehrmals mit der großen, weichen Rindernase und versteht nicht, warum es sich nicht bewegen will. Es dauert viele lange Minuten, bis sie aufgibt und sich langsam wegbewegt. Sie trauert, da bin ich mir ganz sicher, und ich trauere mit ihr. Ob ihre Freundinnen ihr helfen werden, darüber hinweg zu kommen, oder ob sie die anderen Mütter um ihren Nachwuchs schmerzhaft beneiden wird? Wie lang wird sie trauern, wann wird es ihr wieder gut gehen?

Noch ganz in diesen Gedanken versunken, sehe ich ein paar Minuten später, wie ein kleines Wunder passiert. Die Kuh hat offensichtlich Zwillinge ausgetragen und das zweite Kalb kommt nun gerade völlig normal und problemlos auf die Welt. Es fällt ins Gras und wird mit großer Hingabe von einer rauen, kräftigen Rinderzunge massiert und getrocknet. Ganz intensiv sind die ersten Minuten, in denen Kalb und Kuh zusammenwachsen. Lange beobachte ich die beiden noch. Sie steht ganz eng neben ihrem Kind, das müde und erschöpft seine ersten Sinneseindrücke aufnimmt. Und sie ist ruhig und zufrieden. Auf ihren Schmerz folgte unmittelbar das große Mutterglück, und in ein bis zwei Stunden wird sie mit ihrem Nachwuchs in der Herde aufgenommen sein. Später werde ich die beiden nicht mehr wiederfinden unter all den anderen schwarzen Kühen mit ihren Kälbern.

Können wir bisweilen für Tiere in der Landwirtschaft Sympathie und etwas Mitgefühl entwickeln, so sind Haustiere echte Familienmitglieder. Sie genießen das Privileg tiefer menschlicher Zuneigung. Sori, mein allererstes Pferd, lassen wir mit zweiunddreißig Jahren in der Pferdeklinik operieren, was ihm weitere zwei Jahre Lebensfreude beschert. Mit vierunddreißig wird der Wallach auf der Wiese vom Tierarzt eingeschläfert. Ich halte seinen Kopf in meinen Armen und als er leblos zusammensackt, ist das schlimm, aber auch tröstlich. Ein für ihn unerwartetes Ende, ohne Schmerzen, nach einem guten, langen Leben in unserer Obhut, das ich fünfundzwanzig Jahre miterlebt habe, ist in Ordnung. Monty, unser Kurzhaarcollie, wird dreizehn Jahre. Nach seinem zweiten Herzinfarkt helfen auch die starken Tabletten nicht mehr und sein Abschied fällt uns noch viel schwerer. Er fehlt überall, jeden Tag. Fünf Jahre sind wir danach hundelos.

EINKAUF IM INTERNET

Viel schneller als ein neuer Hund in unseren Hof einzieht, wird die Pony-Herde wieder vergrößert. Eigentlich mehr durch Zufall als durch Planung. Dass man im Internet bequem shoppen kann, ist hinlänglich bekannt. Ob Unterwäsche, T-Shirts, Bücher oder Pferdebedarf, alles funktioniert bestens. Aus Neugierde gehe ich öfter mal auf die Seiten der Islandpferde-Börse. Dort gibt es Bilder und Beschreibungen von Pferden, die zum Verkauf stehen, manchmal auch ein kurzes YouTube-Video, um das Pferd in seinen Gangarten zu zeigen. Das ist recht interessant, und wie beim Kleidung kaufen im Geschäft, kann man sich »nur mal so umsehen«. Gut, im Modegeschäft kauft man dann doch gelegentlich ein T-Shirt oder eine Hose, obwohl man das eigentlich gar nicht wollte. Aber es ist ja nichts von großer Tragweite. Bleibt man beim Nur-mal-so-umsehen aber an einem fünfjährigen Islandwallach hängen, in der Traumfarbe Grauschimmel, so hat das erhebliche Konsequenzen.

Es ist passiert, und ich sitze vor dem Computerbildschirm und betrachte das Foto und ein kurzes Video von Svanur. Immer schon habe ich von einem Apfelschimmel geträumt, dann habe ich gelernt, dass diese Fellfarbe nur von kurzer Dauer ist. Ein Schimmel kommt als schwarzes Fohlen auf die Welt, wird zum Grauschimmel, Apfelschimmel und schließlich ganz weiß. Nun, das abgebildete Exemplar ist wirklich sehr hübsch, gutes Gebäude, schöne Mähne, groß, gute Abstammung. Ich habe keine Erklärung dafür, ich habe so etwas auch noch nie gemacht, aber ich kontaktiere die angegebene E-Mail-Adresse und bitte um mehr Informationen über das Pferd, schreibe etwas über unseren Hof und dass wir einen Wallach suchen, Viergänger, nicht dominant in der Herde und schon gut ausgebildet, mit ordentlichem Temperament und gutem Tölt. Was tue ich da eigentlich? Ja, mein Mann hat schon einige Male die Idee kundgetan, noch ein letztes Mal ein junges Pferd zu kaufen und mit allen Tieren dann gemeinsam alt zu werden, aber konkret wurde noch nichts beschlossen. Bei jedem Pferdekauf sind wir auch nach dem isländischen Sprichwort: »Ein gutes Pferd hat keine Farbe« vorgegangen. Ein Fuchs, ein Braunfalbe, zwei Graufalben, eine braune Stute, alles sind und waren sehr gute und anständige Pferde. Und jetzt ein Schimmel? Eine letzte Chance für die Traumfarbe?

Aus dem spielerischen »schauen wir mal« wird am darauffolgenden Vormittag konkrete Planung. Ich bekomme einen Anruf von Marit. Sie ist Pferdetrainerin und hat vor zwei Jahren meine Stute Tibra ausgebildet. »Hallo Gabi, ich konnte es kaum glauben, als ich deine Mail gelesen habe. Ich trainiere seit einem Jahr die Islandpferde von Frau Sauer. Sie möchte ihren Bestand verkleinern, ihr Svanur steht zum Verkauf. Du bist interessiert?« Ich freue mich, Marit am Telefon zu haben. »Was für ein schöner Zufall, wie geht es dir? Ja, ich bin durchaus interessiert. Und da du das Pferd gut kennst, kannst du mir doch bitte ganz offen sagen, ob es wirklich zu uns passen würde.« »Absolut, es ist wirklich ein gutes Pferd, viel Temperament, viel Tölt.« »Passt es zu Tibra?« Das gemeinsame Ausreiten macht dann viel Spaß, wenn sich die Pferde vom Vorwärtsdrang und Gangvermögen sehr ähnlich sind, und so ist diese Frage wohl ausschlaggebend für mein weiteres Interesse. »Ja, das passt perfekt. Komm doch mal vorbei und probier Svanur aus, er macht dir sicher Spaß. Soll ich mit Frau Sauer einen Termin ausmachen?« Ich denke eine Sekunde nach und fasse den Entschluss. »Warum nicht, das ist jetzt so ein unglaublicher Zufall, wir sollten uns treffen.«

Zwei Wochen später, es ist kurz vor Ostern, fahren Rainer und ich in die Nähe von Freiburg. Pünktlich treffen wir auf einem beeindruckenden südschwarzwälder Bauernhof ein. Sein riesiges Dach schützt Wohn- und Ökonomieteil mit Stall und Scheunenbereich. Ein Backhaus und ein großer Offenstall mit angeschlossenem Paddock und Reitplatz befinden sich in unmittelbarer Nähe. Das ganze Ensemble thront in perfektem Zustand auf einem kleinen Hügel in Alleinlage, umgeben von Wiesen und Wald. Wer auch immer hier wohnt, ob Mensch oder Tier, muss es einfach gut haben. Schon kommt uns Marit entgegen. »Schön euch zu sehen, habt ihr uns gleich gefunden?« »Kein Problem mit deiner Wegbeschreibung und dem Navi.« Frau Sauer begrüßt uns vor der Haustür, an ihrer Seite ein mächtiger, weißer Hund mit langem Fell und freundlichem Verhalten. Irgendwie erinnert er mich an den Glücksdrachen Fuchur in Michael Endes »Unendlicher Geschichte«. Ich finde hier einfach alles prima und bin nun sehr gespannt auf Svanur.

Wir stehen vor dem großen Offenstall und sehen sechs Islandpferde und einen Esel. »Der Dunkelgraue da hinten ist Svanur, wir können ihn gleich mitnehmen und satteln.« Das fünfjährige Pony ist durchtrainiert und hat wahrscheinlich Idealgewicht. An seinen Unterbauch könnte man ein Lineal anlegen, keine Wölbung, kein einziges Gramm zu viel auf den Rippen. Ich denke, wenn er bei uns wäre, hätte er ein kleines bisschen mehr Rundungen, er muss ja noch wachsen und kräftiger werden bis zum Alter von sieben Jahren. Dann gilt ein Islandpferd als ausgewachsen.

Am Halfter läuft er brav mit uns zum Sattelplatz. Gerade das Putzen, Hufe auskratzen und Sattel auflegen gibt Auskunft, wie gut erzogen und kooperativ ein Pferd ist. Alles geht problemlos und zügig von statten. Marit reitet uns auf dem Sandplatz harmonisch alle Gänge und Dressurübungen vor, dann versuche ich mein Glück. Nach einem anschließenden, gemeinsamen Ausritt bin ich mir sicher, dass wir Svanur kaufen sollten, er macht wirklich viel Spaß.

Frau Sauer, die froh ist, durch Marits Bekanntschaft mit uns die Gewissheit zu haben, dass es Svanur in Zukunft auch sehr gut gehen wird, freut sich über unsere Kaufentscheidung. Nach der obligatorischen Ankaufsuntersuchung zwei Wochen später, gibt der Tierarzt grünes Licht und wir vereinbaren den Termin zum Abholen. Als wir das junge Pferd verladen ist nur Marit dabei, Frau Sauer, den Tränen nahe, bleibt im Haus. Es fällt ihr nicht leicht, Svanur abzugeben. Ein trauriges, aber schönes Zeichen, dass wohl eine echte Verbundenheit besteht.

SVANUR

Svanur heißt eigentlich Lifsgladur, so steht es in seinem Equidenpass, ein Dokument das Personalausweis und Impfpass zugleich ist. Lifsgladur ist isländisch und heißt auf Deutsch: »der Lebensfrohe«. Dass sein Taufname ideal gewählt ist und sein Wesen zutreffend beschreibt, werden wir bald erfahren.

Zunächst bekommt er einen dritten Namen von unseren Nachbarn: »das Pippi Langstrumpf Pferd« und einen vierten von meiner Freundin Martina »der isländische Kobold«. Wir bleiben bei »Svanur«, was isländisch »Schwan« bedeutet und in der Zukunft für einen Schimmel genau richtig ist. Obwohl, doch nicht so ganz! Aus dem zu ernst klingenden »Svanur« wird schnell der Rufname »Svani«. Das lange, hohe »i« am Ende lässt sich gut rufen, weich und süß oder viel öfter schrill und laut. Svaniii, was machst du da! Svaniii, lass das! Svaniii, benimm dich! Wenn ein Pony so viele Namen bekommt, ist das ein Zeichen, dass es auffällt und viele Menschen irgendwie bewegt.

Uns beschäftigt der junge Bursche zunächst rund um die Uhr. Das Eingliedern in die Herde ist nicht schwer, aber bald mischt er die ganze Gruppe auf und lässt sich die unglaublichsten Dinge einfallen. Er trägt Handbesen durch die Gegend, wirft die Schubkarre um, nagt Halfterstricke an und zerbeißt die Liegematten im Stall. Letzteres geht nun gar nicht. Die dicken Gummimatten sind teuer und eignen sich wirklich nicht als Kaugummi. Ich kaufe Bitterspray und bin sicher, dass diese Geschmacksrichtung dem jungen Vierbeiner nicht gefallen wird. Als ich es auf die Matten aufsprühe, atme ich etwas davon unweigerlich ein und meine Schleimhäute schlagen Alarm. Das Zeug ist widerlich. Das wird Svani den Kauspaß sicher nachhaltig verderben.

Doch weit gefehlt, als ich am Abend in den Stall komme, schaut mich ein lustiges Pony in meiner Traumfarbe Grauschimmel mit dicken Backen an. Rechts und links aus den Maulwinkeln bröseln kleine, schwarze Gummistückchen heraus. »Svaniii, nein!« Am nächsten Morgen hat er auch noch meine vorbildliche Stute Tibra angesteckt. Man kaut ab sofort gemeinsam.

Nun hilft nur noch überlegene menschliche Intelligenz und Kreativität. Rainer schraubt eine massive Holzleiste vor die Gummimatten-Abschlusskante, und es gibt für die Pferdezähne fortan keinen Angriffspunkt mehr, um eine Matte herauszuziehen und anzubeißen. Kauen ist absolut out.

So frech und einfallsreich was dumme Ideen betrifft, so flott und zuverlässig ist Svanur als Reitpferd. Vom ersten Tag an ist es eine Freude mit ihm auszureiten. Immer scheint er bestens gelaunt und immer begeistert bei der Sache zu sein.

Lifsgladur – der Lebensfrohe. Manche isländische Namen sind klug gewählt, aber einfach beim Sprechen für deutsche Zungen nicht alltagstauglich.

Ab und zu möchte der lebensfrohe Isländer mit seinem Reiter ins Gespräch kommen. »Ich schlage mal jetzt eine schnellere Gangart vor. Schau wie toll ich das kann. Lass mich mal machen, dann haben wir beide noch mehr Spaß.«

»Nein«, sage ich. »Ich bin der Chef.« Ich gebe mit einigem Nachdruck meine Reitersignale und das Pony hört schließlich zu. »Ja, o.k., du bist Chef, aber man wird doch mal nachfragen dürfen.«

ERDBEWEGUNG

Damit auf Dauer klare Verhältnisse herrschen und das Nachfragen überhaupt nicht notwendig wird, bauen wir einen Reitplatz. Er besteht aus einem drei Meter breiten Weg, der ein großes Oval in der Ausdehnung zwanzig mal vierzig Meter beschreibt und einem geschlossenen Kreis an einem Ende. In der Reitersprache ist das eine kleine Ovalbahn mit einem Zirkel. Hier übt man das Dressurreiten, was dem Gehorsam des Pferdes sehr förderlich ist, und man kann um die Länge der Bahn den Tölt trainieren. Islandpferde haben vier, manche sogar fünf Gänge: Schritt, Trab, Tölt, Galopp und eventuell den Pass. Da man sich harmonisch über die Art der gerade gewünschten Gangart mit seinem Vierbeiner verständigen möchte, erfordert das Reiten mit diesen flotten Wikingerpferden viel Übung und Einfühlungsvermögen.

Unsere Freunde im Hotzenwald haben gleich bei der Sanierung ihres alten Hofes eine Reitbahn mit dem Aushub, der bei den Bauarbeiten anfiel, angelegt. Wir leider nicht. Bei uns fiel auch kein Aushub an. Die Freunde mit der eigenen Reitbahn sind zu Besuch. Wir vier stehen am Paddock und schauen auf die angrenzende Weide, die etwas unterhalb liegt. »Hier müsst ihr den Reitplatz bauen, hier unten ist es recht eben, und ihr könnt mit dem leichten Abhang, auf dem wir hier stehen, sogar eine Art Tribüne hinbekommen. Da ist ja auch schon die Sitzgelegenheit.« Jürgen zeigt auf die kleine Bank aus zwei alten Backsteinen und einer dicken Granitplatte, die wir beim Sanieren in der Scheune gefunden haben.

Jürgen hat immer gute Ideen und ist ein absoluter »Macher«. Nicht immer nur reden, machen! In seinem früheren Berufsleben hat er Starfighter und Phantom-Jets geflogen und sein klarer Verstand und seine Entschlussfreude sind phänomenal. Sollen wir uns entschließen eine Reitbahn zu bauen?

»Wenn du weißt, wo du bist, kannst du sein, wo du willst.« Der Lieblingsspruch von Jürgen passt nicht nur für die Fliegerei, sondern auch für die Bauplanung einer Reitbahn. Wenn du genau weißt, wie das Gelände beschaffen ist, kannst du es auch ohne böse Überraschungen zu einem Reitplatz machen. Ein Reitplatz muss absolut eben sein, da gibt es keine Kompromisse.

Unser Wohnort liegt auf einer flachen Hochebene und das Weideland sieht für unser Ansinnen recht geeignet aus. Meint man! Dennoch liegen Haus und Scheune höhenmäßig ein klein wenig über dem Weideland, das ein klein wenig nach Süden hin abfällt. Also müssen wir das Gelände ein klein wenig einebnen. Keine große Sache, oder? Nachdem unser Bauexperte Volker die Wiese vermessen hat, wissen wir, es wird doch eine etwas größere Sache. Wir brauchen Geräte, richtige schwere Baugeräte.

Wir finden in der Nähe eine Firma, die nicht nur mit Sand und Schotter handelt und die notwendigen Geräte besitzt, sondern auch schon Reitplätze gebaut hat. Dressur-Sandplätze für Großpferde. Ich zeichne einen Plan unserer gewünschten Ovalbahn mit den exakten Maßen, wir besprechen den Unterbau, Zeitaufwand und die Kosten und schon bald darauf geht es los. »Wir machen den Abhang vor dem Paddock einfach weniger steil und ziehen die Erde nach unten für die Fläche der Bahn.« Herr Reim, der den

Auftrag ausführen soll, geht zwei Wochen später flott ans Werk. Zuerst wird die Humusschicht der Wiese abgetragen und sichergestellt, um sie später wieder aufzubringen. Dann beginnt er mit den eigentlichen Erdbewegungen.

Nach den ersten drei Stunden Arbeit mit seinem riesigen gelben Bagger steht der Mann neben mir, ratlos. Die Erde, die er aus dem Abflachen des Abhangs gewonnen hat, reicht hinten und vorne nicht, um die Höhendifferenzen in der Fläche nur annähernd auszugleichen. »Wir brauchen Erde. So komme ich nicht weiter.« »Ja super, und wo nehmen wir die Erde her? Haben Sie da irgendeine Idee?« Ich spüre einen Anflug von Ärger und Stress. Hätte der Fachmann für Erdarbeiten das nicht sehen müssen. Wir reden hier nicht über ein paar Gartenschaufeln Erde zum Füllen eines Terrakotta-Kübels, wir reden gerade über LKW-Ladungen von Erde.

Dem Tüchtigen lacht manchmal das Glück. »Im Nachbarort heben sie gerade eine Baugrube für ein großes Gebäude aus, da könnte man mal nachfragen. Ich fahre da mal schnell vorbei.« Herr Reim ist weg und ich versuche mich in der Kunst Ruhe zu bewahren. Nach einer halben Stunde kommt er sichtlich erleichtert zurück. »Die bringen uns ab der nächsten Fuhre ihren Erdaushub hierher. Das machen die liebend gern und ganz umsonst, weil sie die Kosten für die Erddeponie sparen und auch keine langen Wege mehr dahin fahren müssen. Das geht klar.«

Kurze Zeit später kommt ein erster LKW mit Anhänger und kippt Erde ab. Bald türmen sich Berge auf. Herr Reim und sein Mitarbeiter fahren mit Bagger und Schaufellader unermüdlich hin und her, verteilen und verdichten, während die LKW vom Nachbarort mittlerweile im zwanzig Minuten Takt ihren Erdaushub bringen. Hoffentlich weiß Herr Reim, wann es genug ist. Schließlich bauen wir hier kein Flugfeld. Mit so viel angeliefertem Erdmaterial wächst unser Bauunternehmer über sich hinaus. Er modelliert uns eine wunderbar ebene Fläche, setzt eine schöne Natursteinmauer zum Abfangen des Hanges auf und entwickelt einen perfekten Zuweg vom Hof auf den Reitplatz. Die Bahn wird eingemessen, ausgehoben, ein Fließ eingelegt und Schotter darauf verteilt. Zum Schluss kommt der Belag: eine sogenannte Forstmischung, wie man sie von guten Wanderwegen im Wald kennt. Er wird gleichmäßig verteilt und festgerüttelt.

Die weiter entfernt wohnenden Nachbarn, die nichts von unserem Reitplatz-Projekt gehört haben, kommen vorbei, um das Aufgebot an großen Maschinen zu betrachten und sich zu wundern, was mein Mann und ich da tun. »Was gibt das denn, wenn's fertig ist?« Wir lassen uns jeden Tag augenzwinkernd etwas Neues einfallen: »Eine Aschenbahn für unser Lauftraining, ein Helikopter-Landeplatz, eine Radrennstrecke, eine Open Air Konzertbühne …« Schließlich ist unsere Ovalbahn fertig. Gras wird auf die wieder hergestellte Humusschicht gesät, und alles sieht so aus, als ob es immer schon so ausgesehen hätte. Drei Wochen sollen wir warten, bis sich der neue Bodenbelag nach einigen Regenschauern gefestigt hat, dann dürfen wir loslegen. Ich fühle mich wie ein Kind, das einen eigenen Spielplatz geschenkt bekommen hat.

Das Bahn-Reiten, das nie so mein Ding war, macht mir plötzlich in einem so ruhigen, privaten Rahmen richtig Spaß. Man kann sich wunderbar auf sein Pferd konzentrieren und wird von nichts und niemandem gestört. Auch eine Trainerin für das Islandpferde-Reiten kann nun vorbeikommen und die Reitersfrau weiterbilden. Als Reiter lernt man nie aus. Sitz und Einwirkung müssen ab und an korrigiert und verbessert werden. Man verwildert sonst und gewöhnt sich schlechte Haltungen an. Und da ist ja auch noch ein lebensfroher, junger Wallach in meiner Traumfarbe, der manchmal noch mit mir diskutieren möchte, wer hier der Boss ist. Auf der Reitbahn sind wir uns da ganz schnell einig und üben die Harmonie.

TEICHLEBEN

Hat man einmal ein erträumtes Projekt zu jedermanns Zufriedenheit abgeschlossen und wie erhofft viel Spaß damit, wird man, glaube ich, süchtig nach diesen Erlebnissen. Rainers Traum ist ein Teich. Ein Naturteich. Dieses Projekt wollen wir als nächstes angehen.

Am Anfang steht die Planung. Ein, zwei Bücher über das Thema sind schnell gekauft. Mit dem aufmerksamen Lesen ist es da schon schwieriger. Weiß man nicht alles schon? Muss man die Zeit wirklich investieren? Etliche Freunde haben in ihren Gärten Teiche, da kann man doch mal nachfragen, kritisch nachfragen. Es liegt in der Natur der Sache, dass man bei den Freunden nur das Schöne am Teich erlebt, keiner erzählt, wieviel Arbeit sein kleines Gewässer macht. Aber nun sind wir investigativ unterwegs und hören viel Interessantes. »Ohne Chemie geht es bei unserem Schwimmteich nicht, auch eine Pumpe ist notwendig, um das Wasser zu reinigen.« »Unser kleines Biotop muss alle paar Jahre geputzt werden, der ganze Mulm, der sich am Grund ablagert, muss raus.« »Wir spannen im Herbst ein Netz über den Teich, sonst fällt das ganze Laub von den umstehenden Bäumen und Sträuchern hinein.« »Wir fangen die Goldfische zu Winterbeginn heraus und setzen sie in ein Aquarium. Wenn der Teich zufriert, überleben die das nicht.« Wir sammeln fleißig alle Informationen und bekommen ein realistisches Bild davon, was es heißt, einen Teich zu bauen und zu pflegen. Also fassen wir zusammen: Was wir auf keinen Fall in unserem Teich wollen sind Fische. Wir wollen einen möglichst großen Teich, mit einer Wasserfläche von mindestens einhundertfünfzig Quadratmetern und einer Wassertiefe von zwei Metern. Wir wollen weder Chemie noch eine Pumpe einsetzen, sondern einen Schilfgürtel als Klärzone pflanzen. Wir wollen einheimische Wasserpflanzen, aber auf gar keinen Fall Seerosen, sondern in der Mitte des Teiches eine offene Fläche. Ein paar Trittsteine, die ins Wasser führen, und ein Holzdeck am Ufer für eine Sitzgruppe mit Tisch und Schirm sollen zum gelegentlichen Schwimmen oder Füße baden und häufigen Dinieren in der Mittagssonne die besten Voraussetzungen schaffen. Der Naturteich soll inmitten unserer Weiden liegen, keine großen Bäume um sich haben und für Wildtiere ungefährlich und einladend sein. Ja, so soll es werden. Freunde empfehlen uns eine Gartenbaufirma, die sehr viel Erfahrung im Teichbau hat und als korrekt und zuverlässig gilt.

Es ist ein kalter, sonniger Märztag, als wir ganz einfach und bequem mit unseren Schuhsolen auf dem gefrorenen, mit leichtem Schnee gezuckerten Boden die Form des zukünftigen Teiches abschreiten und markieren. Organisch soll die Form sein und sich ganz natürlich in die Topografie der Wiese einfügen. »Sobald der Boden offen und kein Frost mehr zu erwarten ist, können wir anfangen. Meine Leute kommen zu zweit und werden in etwa zehn Arbeitstagen fertig sein.« Der Chef der Firma macht einen freundlichen und seriösen Eindruck. Wir verabreden uns auf Anfang April.

Die Wiesen stehen schon in saftigem Grün und tausende Löwenzahnblüten leuchten gelb, als der Bagger kommt. Fast tut es weh zu sehen, wie dieser bunte Teppich auf einer Fläche von mehr als zweihundert Quadratmetern weggeschoben wird. Aber wir kennen das ja schon: die Humusschicht wird abgetragen und gelagert. Dann wird in die Tiefe gegraben, der LKW fährt mehrmals den Aushub ab und drei Stufen, die drei Pflanzzonen, entstehen. Sie führen in der Mitte auf zwei Meter Tiefe hinunter.

Das Wetter ist mild und trocken und die beiden Teichbauer haben beste Arbeitsbedingungen. So ist die Stimmung hervorragend und wir dürfen einfach nur zusehen, wie das Projekt voranschreitet. »In drei Tagen brauchen wir ihre Hilfe. Die Teichfolie wird geliefert und wir müssen sie am besten zu fünft oder zu sechst zusammen ausbreiten und korrekt legen.« Die Teichfolie wird in einem Stück angefahren und ist in den erforderlichen, riesigen Ausmaßen wohl ordentlich schwer. Das Fließ darunter kann ohne unsere Hilfe verlegt werden.

Unser Nachbar Georg und Andreas, ein Freund aus Stuttgart, stehen bereit, als die Folie, zusammengefaltet wie eine überdimensionale Tischdecke, am tiefsten Punkt des zukünftigen Teiches vom Bagger platziert wird und danach aufgeschlagen werden soll. Die beiden Teichbauer erklären die Vorgehensweise und zu sechst ziehen wir nach genau festgelegter Choreografie die schwere, schwarze Folie auseinander. Bald liegt sie perfekt und glatt. Der Kies wird aufgeschüttet und für die Schilfzone ein hellgelber Lehm verteilt.

»Wasser marsch!« heißt das nächste Kommando. Aber wer glaubt, man könnte einfach mal nur so auf den nächsten ergiebigen Regen warten, erkennt die Dimensionen nicht. Dieses zu flutende Loch hier ist tief und groß. Auch einen zweihundert Meter langen Wasserschlauch vom Haus zum Teich zu legen, um per Wasserhahn das nötige Nass vor Ort zu bringen, ist absolut sinnlos. »Das können sie nicht machen, das Wasser aus der Hausversorgungsleitung müsste mehrere Tage fließen und man würde im hiesigen Wasserwerk wohl bald annehmen, dass es ein Leck in ihrer Rohrleitung gibt. Diese Wasserentnahme müssten sie vorher anmelden.« Was tun? Das dauert alles viel zu lange. Hilfe, wir brauchen die Feuerwehr!

Sie hat ihren Stützpunkt im Nachbarort und den Kommandanten kenne ich. Er hat eine malende Freundin und dieser schon einmal einen Gutschein für einen Malkurs bei mir abgeholt. Ein sympathischer Mann mit Sinn für geselliges Vereinsleben und mit viel Unternehmungsfreude. Ein Mann der Tat. »Ich komme morgen am späten Nachmittag mit dem Fahrzeug vorbei und in etwa drei Stunden werden wir den Teich gefüllt haben.« »Prima, vielen Dank, da können wir ja in der Wartezeit gemeinsam zu Abend essen.« »Ja gerne, dann bis morgen.« Der Kommandant kommt pünktlich mit seinem Feuerwehrauto angefahren. Es ist wirklich ein Feuerwehrauto wie aus einem hübschen Kinderbuch. Runde Formen, knallrot und top gepflegt, ein Oldtimer und ein Schatz für jedes Fahrzeugmuseum.

Verkehrstechnisch durch ein Warnschild gesichert, wird das knuffige Mobil mitten auf der Straße neben dem Hydranten geparkt. Wir rollen zu dritt den dicken, langen Feuerwehrschlauch aus. Und es ist kein Problem den oberirdischen Zulauf an unser Rohr unterhalb der Hoffläche zu erreichen.

Das Rohr! Manchmal hat man Visionen und macht einfach. Man verlegt bei der Haussanierung ein unterirdisches Rohr, das das Regenwasser von Stall- und Scheunendach sammelt und irgendwo weit draußen auf die Wiese entlässt. Das Rohr, das vielleicht irgendwann einmal einen Teich speisen könnte. Das »irgendwann einmal« ist jetzt. Dieses tolle Rohr wird über den Zulauf mit dem Feuerwehrschlauch am Hydranten verbunden.

Wasser marsch!

Das Wasser schießt mit Druck und dem leichten Gefälle der Wiese zweihundert Meter unterirdisch zum Teich, ergießt sich aus dem Auslauf des Rohres über etliche kunstvoll verlegte Sandsteine wie ein sprudelnder Bach in das große, ovale Loch und füllt es in gut drei Stunden. Der äußerst heitere Feuerwehreinsatz gibt uns Zeit für ein nettes gemeinsames Abendessen im Hof bei fast sommerlichen Temperaturen. Der gefüllte Teich glitzert in der untergehenden Sonne.

Am nächsten Tag haben die Teichbauer zweihundert kleine Plastiktöpfchen rund um den Teich zu verteilen. Die Pflanzen haben jeweils ihre Lieblingsplätze auf den drei verschiedenen Tiefenzonen und sollen an ihrem optimalen Standort in Gruppen gepflanzt werden. Die Wassergärtner brauchen hohe, dichte Gummistiefel und für das eigene Wohlbefinden sommerliche Temperaturen. Für beides ist gesorgt und ich helfe, die Jungpflanzen vorsichtig aus den engen Töpfchen zu holen. Dabei sammle ich die angehängten Plastikschilder mit Foto, Beschreibung und Pflegehinweis. Man weiß ja nie, wofür es gut ist, und natürlich will ich für die Zukunft wissen, wer sich alles so breit macht in unserem Teich. Es gibt den Froschlöffel, den Tannenwedel, den Wasserdost, die Sumpfdotterblume, die Wasserminze, den Igelkolben …

Beim Herausnehmen einer jungen Wasserlilie aus ihrem Plastiktopf entdecke ich einen Blutegel im Wurzelwerk und zögere kurz. Rein oder raus? Natürlich rein, er soll sich ruhig gut einleben und in ein paar Jahren werden wir beim Schwimmen im Teich von hunderten von Blutegeln überfallen. Sie werden sich an unseren Beinen zu tausenden blitzschnell festsaugen. Schwarze, glänzende, dicke Würmer werden dicht an dicht an unseren Körpern kleben und uns aussaugen. Ach was, dieser kleine Kerl ist perfekt für unser Biotop, rein damit.

Wie es sich ein Jahr später zeigen wird, sind die kaum auffindbaren, blutrünstigen Würmer nicht die einzigen gefährlichen Tiere, die unseren Teich bevölkern. Es gibt da noch die Haie, die von unten auftauchen und ihre in Not geratenen Opfer, weil ins Wasser gefallen, noch lebendig nach unten in die Tiefe zerren und Rückenschwimmer heißen. Und es gibt die zangenbewaffneten Libellenlarven, die die kleinen Kaulquappen oder jungen Molche packen, zerreißen und auffressen. Aber auch heitere Gesellen sind zu beobachten, die Wasserläufer. Sie tanzen schnell, ruckartig und manchmal fast graziös über die Wasseroberfläche oder machen riesige Luftsprünge. Und schaut man tief ins Wasser, kann man Wolken von Wasserflöhen erkennen, die sanft hin und her wiegen, und auch die ruhig dahingleitenden Schnecken in ihren kunstvoll gedrehten Häusern lassen sich beobachten.

Noch aber sind wir nicht soweit. Gerade beginnt in der Entwicklungsgeschichte unseres Teiches die Flora sich zu etablieren. Am frühen Abend, als alles Grün seinen Platz zugewiesen bekommen hat, frage ich mich, wo sie alle geblieben sind, die vielen jungen Pflanzen auf den unzähligen Paletten, die um das Ufer standen. »Sind alle drin, schon im nächsten Jahr werden sie kräftig gewachsen sein und der Schilfgürtel ist in drei Jahren groß und dicht.« Bevor wir uns nach zwei Wochen von unseren tüchtigen Gartenbauern verabschieden, bekommen wir noch den guten Rat, den Teich einfach sich selbst zu überlassen.

Es dauert nur kurze Zeit und auch die Fauna hat den neuen Lebensraum für sich erobert. Molche sind zugewandert und Kröten, die in der zweihundert Meter tiefer liegenden Talsperre geboren sind und hier in den Wäldern und Wiesen wohnen. Als der Sommer beginnt, sind plötzlich kleine und große Libellen da, in rot und blau schwirren sie über die Wasseroberfläche und rasten auf den Schilfhalmen. Die Bienen unseres Imkers haben sich sehr schnell mitgeteilt, dass es nun eine gute Wasserstelle in unmittelbarer Nähe gibt. Vögel, Hasen, Füchse, Dachse und Rehe kommen zum Trinken und mehrmals am Tag läuft ein junger Rüde um das Ufer und hüpft über die Sandsteintreppe ins Wasser, um ebenfalls vom glasklaren Nass einen Drink zu nehmen. Es ist Jamie, ein Kurzhaarcollie-Welpe. Wir haben einen jungen Hund.

JAMIE

Mein Mann war der erste, der wieder einen vierbeinigen Freund im Haus haben wollte. Seine morgendlichen Spaziergänge vor der Arbeit machen in Begleitung einfach mehr Spaß. Das Anforderungsprofil für den Wunschkandidaten war das gleiche wie damals bei Monty: ein mittelgroßer Hund, kurzes Fell, weil leicht zu pflegen, Hütehund ohne Jagdtrieb, lauffreudig und schnell, leicht erziehbar, keinen übermäßigen Schutztrieb, nicht überzüchtet. Für uns musste es zweifelsohne wieder ein Kurzhaarcollie sein. Hatten wir unseren ersten »Smooth Collie« aus England mitgebracht, gibt es mittlerweile einige Züchter dieser Rasse in Deutschland. In unserer Nähe fanden wir eine verantwortungsvolle Züchterin, die einen Wurf erwartete und hatten das Glück, einen jungen Rüden bekommen zu können. Nun ist er unser neues Familienmitglied. Und er ist anfangs ganz schön anstrengend.

Als sicherer Beweis, dass man in der Regel gute Dinge in Erinnerung behält und die schlechten eher vergisst oder erfolgreich verdrängt, gilt die Tatsache, dass wir keine Ahnung mehr hatten, wieviel Zeit und Aufmerksamkeit ein Welpe einfordert. Ist der junge Bursche den Windeln entwachsen, sprich stubenrein, liegt das Gröbste wohl hinter einem. Denkt man. Aber die Erinnerung täuscht. Denn schon kommt die nächste Entwicklungsphase und das Hundekind geht wacker und mutig in seinem Revier auf Abenteuersuche. Und Haus und Scheune haben da einiges zu bieten. Da wären die Besen, die ständig im Einsatz sind. Jamie schreibt diesen Geräten offensichtlich ein Eigenleben zu. Kaum in Gebrauch genommen, versucht er das Borstenteil zu fangen und festzuhalten, was diese Art von Reinigungsarbeit in seiner Gegenwart unmöglich macht. Die große, grüne Plastik-Gießkanne ist auch sehr spannend. Man kann sie am Hals packen, hinter sich herziehen und an einen unbekannten Ort verschleppen. Ein Aufwischtuch wird zum Beutetier, wild geschüttelt und durch die Luft geschleudert. Die Schnürsenkel unserer Wanderschuhe kann man wie Spaghetti durch die spitzen Milchzähnchen ziehen, in einen Gummistiefel passt der ganze Kopf und man hat da drinnen ein aufregendes Tunnelfeeling mit einzigartigem Duft. Spielsachen findet Jamie im Überfluss und seine Neugierde kennt keine Grenzen. Nur die regelmäßig eintretende, plötzliche Müdigkeit bringt das Hundekind zur Ruhe und die Hundehalter zum erlösenden Durchatmen.

Unter seinen großen vierbeinigen Freunden hat er schnell seinen liebsten gefunden. Es ist Svani. Alle Versuche, das Pony zum Spiel aufzufordern, scheitern jedoch regelmäßig. Hund und Pferd sprechen eben unterschiedliche Sprachen und so ist die Verständigung missverständlich. Jamie steht zum Beispiel stocksteif vor seinem großen Freund und erträgt demütig die weiche, weiße Pferdenase die ihn betastet und beriecht. Als freundlich unterwürfiges Zeichen in seiner Hundesprache hält er dabei ganz still. Das Pferd erwartet hingegen als freundliches Zeichen der Unterordnung, dass der Hund zurückweicht und geht. Manchmal kann ich die zerfahrene Situation auflösen, indem ich Jamie zu mir rufe, und manchmal wird Jamie von der Pferdenase einfach angehoben und weggeschoben, was ihn in seiner Hundeseele sehr zu verletzen scheint. Beim Ausreiten endlich, nach seinem ersten Lebensjahr, kann er

den Pferden zeigen, dass er sehr wohl auf Augenhöhe mit ihnen ist. Beim schnellen Galopp kommen seine eingekreuzten Windhund-Vorfahren voll zur Geltung und er nimmt jedes Wettrennen mit Begeisterung an.

Die wirklichen Freunde findet er indes ganz früh in der Welpen- und Junghundeschule eines Hundesportvereins, dem wir für ein Jahr beitreten. Hund und Frauchen haben gleichermaßen Spaß.

Die erste große Liebe begegnet ihm in unserer Nachbarschaft. Es ist die Jagdhündin Cora unseres Forstmannes. Jamie vergisst seine gute Erziehung und ist kurzzeitig absolut kopflos. Schnell hat er begriffen, dass die Angebetete mit Herrchen jeden Morgen im Jeep in den Wald fährt. Er hat sich das Motorengeräusch genau gemerkt und seine Ohren fangen den Ton des Dieselfahrzeugs schon aus großer Entfernung auf. Wenn ich jetzt nicht aufpasse, rennt er los. Meistens passe ich auf und stoppe den rasend Verliebten, manchmal gelingt es mir nicht.

Ich bin am Morgen bei der Stallarbeit, als der Jeep des Försters in unseren Hof einbiegt. Neben Herrn Lenz auf dem Beifahrersitz erkenne ich einen nicht angeschnallten Insassen. Mittelgroß, interessiert um sich blickend, schwarz und hellbraun mit blütenweißem Kragen und offensichtlich verliebt bis über beide Ohren. Vor ihm im Fußraum sitzt eine Deutsch-Drahthaar Hündin. Herr Lenz steigt aus seinem Fahrzeug, er ist sichtlich amüsiert: »Ich habe ihnen einen Hund mitgebracht. Jamie ist ein großes Stück hinter meinem Auto hergelaufen, er wollte unbedingt mitfahren.« Jetzt bekommt der vierbeinige Fahrgast von seinem Chauffeur die Wagentür aufgehalten. Leichtfüßig hüpft er heraus, stellt sich neben mich und will mir, weit entfernt von jeglichem Schuldgefühl, wohl sagen, dass Taxifahren mit der großen Liebe eine super Sache ist.

Ich hingegen finde gar nichts super, sondern ärgere mich über meinen ungehorsamen Hund. »Das ist ja furchtbar, es tut mir wirklich leid. Ich habe noch nicht einmal bemerkt, dass er weggelaufen ist. Vielen Dank fürs Zurückbringen.« »Ist ja ein sehr charmanter Bursche, habe ich gerne gemacht.« Wir unterhalten uns noch ein paar Minuten und dann fährt Herr Lenz mit seiner Hündin, diesmal ungehindert, in Richtung Wald davon. Jamie bleibt für die nächsten Tage jeden Morgen unter meiner strengen Aufsicht. Die heiße Liebe erlischt und bald ist mein pubertierender Hund wieder ansprechbar und hält sich zuverlässig innerhalb der Grenzen unseres Hofes und der Weiden auf.

INTERNETFREUNDE

Sich souverän im World Wide Web aufzuhalten, ist heutzutage auch ganz wichtig. Man findet Infos, Islandpferde in der Traumfarbe und Freunde. Jamie hat schon im zarten Alter von nicht einmal zwei Jahren einen Internetfreund.

Tesla, ebenfalls ein Kurzhaarcollie-Rüde, wohnt mit seiner Familie etwa zwanzig Autominuten von uns entfernt. Und er hat seine eigene Homepage. Nun ja, er lernt dadurch Frauen kennen. Er ist ein Zuchtrüde und dafür hat Frauchen einige Prüfungen auf großen Hundeschauen mit ihm absolviert. Aber was sind viele Damen gegen eine echte Männerfreundschaft. Jamie und Tesla lernen sich im realen Leben kennen und verstehen sich prächtig. Beim gemeinsamen Spaziergang lassen sie es so richtig krachen und gönnen sich nicht die kürzeste Verschnaufpause. Zwei Hunde jagen die Waldwege entlang. Ihr Spiel hat genaue Regeln: erst versuchst du mich zu fangen, danach fange ich dich. Wir Hundehalterinnen bemühen uns mit flottem Wanderschritt an den Halbstarken dran zu bleiben und unterhalten uns gleichermaßen gut. Später bei Tee und Apfelkuchen müssen wir die beiden Hunde trennen, das Spiel geht als Nahkampf-Version unter unserem Esstisch unvermindert weiter, was auf die Dauer nicht zu ertragen ist. Jamie wird ins Nebenzimmer verbannt, der Gast darf bleiben. Und sofort ist Totenstille. Beide Collies fallen erschöpft in den Tiefschlaf.

Teslas Besitzerin Renate ist sehr engagiert in der Kurzhaarcollie-Szene. Als talentierte Fotografin macht sie auch schicke Bilder von Hunden, Kindern und Natur. Und deshalb gehen wir nach der Teestunde mit beiden, wieder voll regenerierten Vierbeinern, nach draußen. »Wie willst Du die zwei für deine Fotos ruhig bekommen?« Schon sehe ich die Hauptpersonen unserer geplanten Fotosession wild über die Wiese stürmen. »Ich glaube, das kriegen wir hin. Wir rufen Sie mal her.« »Tesla, Jamie, hierher! Platz!« Zwei wohlerzogene Hunde machen, perfekt synchronisiert, genau das, was wir sagen. Danach staune ich nicht schlecht. Renate drapiert die beiden in klassischen Posen, wie in einem altenglischen Ölbild mal so, mal so. Einer sitzt, der andere liegt elegant davor. Beide sitzen dicht und gleichauf nebeneinander und schauen aufmerksam in die Kamera, ein Hund liegt auf der Gartenbank, der andere steht längsseits vor ihm. Kein Mucken, kein Zappeln, kein Weglaufen. Hat man sowas schon gesehen! »Du hast wohl hypnotische Fähigkeiten oder du bist ein Naturtalent in Bezug auf absolute Autorität.« Renate lacht und schüttelt den Kopf: »Das kann nicht sein, sonst müsste das bei meiner Familie auch funktionieren. Und ich sage dir, tut es nicht.«

Es entstehen Fotos von bestechender Eleganz. Der englische Adel in der Stammfamilie der beiden Hunde wird grandios gefeiert. Und schnell stehen die Bilder im Internet. Während ich peinlich darauf achte, nicht von Facebook und Co verführt zu werden und in meiner Homepage, wo es um meine Malkurse geht, nur das Nötigste preiszugeben, findet man die privaten Erlebnisse meines Hundes nun für alle Zeiten und die ganze Welt im Netz. Und daraus erwächst Größeres.

Rainer, ich und Jamie werden zu einem Kurzhaarcollie-Treffen eingeladen, und wir gehen hin. Aus ganz Deutschland kommen die Hundehalter mit Einzelhund, mit Erst- und Zweithund, mit Hund in der Farbe *sable*, *tricolor* oder *blue merle*, mit Hündin oder Rüde, mit Junghund oder Senior im Nordschwarzwald zusammen. Wir gehören in die Kategorie Einzelhund, Rüde, Farbe *tricolor*. Das Veranstaltungsprogramm sagt drei Stunden Wanderung und anschließende Einkehr voraus. Aus Rücksicht auf eventuelle Nicht-Hundeversteher-Gäste haben wir das ganze Gasthaus für uns und ich ziehe den Hut vor den mutigen Betreibern, die unseren bunten Verein aufnehmen wollen. Achtundzwanzig Kurzhaarcollies und doppelt so viele Frauchen mit Herrchen kommen zusammen. Irgendwie muss ich an das dumme Gerede denken, dass sich Herr und Hund immer ähnlich sind oder es mit der Zeit werden. Beleibtes Herrchen hält ein dickes Hündchen und schlankes Herrchen ein dünnes Hündchen. Man staunt, alle Kurzhaarcollie-Hundebesitzer, die wir kennen lernen, sind jedenfalls sehr sportlich und sehr nett. Genau wie die dazugehörigen Hunde.

Die Wanderer sammeln sich schnell in zwei Gruppen: Gruppe eins – die Zweibeiner, Gruppe zwei – die Vierbeiner. Jamie sehe ich für einige Zeit nicht mehr, er ist in der wuseligen Hundegruppe verschwunden. Irgendwann werden wir ihn hoffentlich wiederfinden.

Wir Menschen lernen uns auf der Wanderung sehr entspannt kennen, indem wir uns Geschichten über unsere Kurzhaarcollies erzählen. Fragt man sonst beim ersten Zusammentreffen nach Wohnort oder Beruf, stehen hier andere Informationen im Vordergrund. »Unser Connor ist ein Kalalassie, der F-Wurf vom vorletzten Frühjahr.« »Jamie ist zwei Jahre, ein Jack Mack's aus Sigmaringen.« »Ah, da vorne das junge Ehepaar, die beiden haben auch einen Jack Mack's.« Da es vergleichsweise wenige Züchter dieser Hunderasse in Deutschland gibt, ist der Geburtsort des eigenen Hundes eine eindeutige Aussage zu welcher »Zuchtgruppe« man gehört.

Bei der ersten Rast sitzen wir Menschen in einer großen Wiese auf einer Lichtung. Wir können bereits etliche Hunde, die uns vor einer Stunde noch vollkommen fremd waren, bei ihrem richtigen Namen rufen. Das ist großartig und fördert Teamgeist und gegenseitige Wertschätzung. Einige Herrchen und Frauchen liegen bäuchlings im Gras oder positionieren sich kniend, mit gebeugtem, nach vorne gestrecktem Kopf vor einer spielenden Hundegruppe. Überall klickt es. Wenn man glauben würde, das seien die elektronisch erzeugten Signaltöne der Kameras in den »Hab-ich-immer-dabei«-Smartphones, irrt man sich gewaltig. Hier werden ernsthafte Fotos mit professionellen Digitalkameras geschossen. Solche Gelegenheiten bieten sich einem nicht immer. Die langen, filigranen Rispen der Wiesengräser und die kleinen, blauen Glockenblumen im Vordergrund mit leichter Unschärfe und dahinter die spielenden Hunde, in allen der Rasse eigenen Farben, aufgenommen als Serienbilder – da kann man sich die besten Schüsse aussuchen. Das gibt Knallerbilder, die, man ahnt es schon, wieder im Netz präsentiert werden.

Am frühen Abend kehren wir ein. Das Gasthaus hat einen sehr schönen Biergarten und viele kleine Tische, wo sich Menschen und Hunde niederlassen und in der Mehrzahl nun müde und hungrig sind. Die Wirtsleute, die so mutig waren unsere Gruppe zu beherbergen, stellen zufrieden fest, dass beide Spezies sich ruhig, gesittet und wohlerzogen benehmen. Alle sind äußerst pflegeleicht und keiner bellt. Es werden Teller um Teller mit Schnitzel und Pommes Frittes, mit Roastbeef und Bratkartoffeln, mit Gulasch und Spätzle aufgetragen. Schorle, Bier und Weißwein fließen und die Gespräche werden substantieller. Die Hunde haben ihre Hauptrolle verloren und liegen fast vergessen kreuz und quer zwischen den Tischen. Manche werden noch ruhig zum parkenden SUV oder Kombi geführt, wo es aus dem mitgebrachten Napf das Futter gibt. Wasser steht, von der Wirtin umsichtig geplant, in vielen Eimern für alle Hunde parat. Jamie muss warten, er bekommt seine Abendportion später zuhause. Denn wie Brigitte, eine ebenfalls hundehaltende Freundin, nun sagen würde: »Der Hase kommt auch nicht jeden Tag um fünf vorbei.«

HASEN

Ja, das mit den Hasen ist auch so eine Geschichte. Unser Forstmann, der herrenlos aufgefundene Hunde glücklicherweise nicht erschießt, sondern im Auto heim zu den Besitzern fährt, ist weniger gnädig mit den Füchsen. Man erzählt, er habe eines schönen Tages bequem und so mal mit links aus seinem Küchenfenster vier Exemplare abgeschossen. »Füchse gibt es viel zu viele. Die machen alle jungen Hasen kaputt und übertragen Fuchsbandwurm und Tollwut.« »Tollwut gibt es hier schon lange nicht mehr, meine gesammelten Heidelbeeren esse ich als Marmelade oder gebacken auf dem Kuchen und die Hasen, die wollt ihr Jäger doch nur selber erlegen.« Ich bin kein Freund der Jagdleute, obwohl ich zugeben muss, dass es unter ihnen wirklich äußerst sympathische gibt. Zugeben muss ich auch, dass es keine Seltenheit ist, bei uns auf den Wiesen Feldhasen zu erspähen. Ob das mit dem erbarmungslosen Wirken von Herrn Lenz zu tun hat?

Einmal kam mir eine Gruppe von fünf Halbstarken entgegengestürmt. Der Wind stand so, dass sie mich lange nicht bemerkten und erst etwa vierzig Meter vor mir in einem wilden Schwenk rechts und links auseinanderstoben. Vielleicht war es einer von ihnen, der sich im Spätsommer immer kurz vor der Dämmerung auf dem Treibgang der Ponys umgesehen hat. Er kam wirklich für einige Tage immer um Punkt sieben vorbei.

Im Spätherbst, auf einem Spaziergang entlang eines Feldes, das sich an der Straße hinunter zur Talsperre zieht, der Gründünger war gerade untergepflügt worden, bleibt Jamie stehen. Er schnüffelt und sein schwarzer Schwanz mit der weißen Collie-Spitze beginnt heftig auszuschlagen. Irgendetwas Nettes muss er gefunden haben. Als ich bei der Stelle ankomme, fokussieren mich die großen, gelben Augen eines zu Tode erschrockenen Feldhasen. »Jamie sitz!« Der Hund folgt. Der Hase kauert bewegungslos in der Ackerfurche, seine gelben Augen sind unbeschreiblich hell und schön. Noch nie war ich einem Wildhasen so nahe. Er muss verletzt sein, sonst wäre er längst geflüchtet. Blut sehe ich jedoch nicht, ich sehe nur die Angst in diesen unglaublichen Augen. Wir entfernen uns schnell. Zehn Minuten später komme ich ohne Jamie zurück, der Hase kauert an der gleichen Stelle. Ich vermute, seine Beine wurden von einem Auto verletzt. Ich traue mich nicht, ihn anzufassen und bleibe auf einiger Distanz. Ratlos und betroffen gehe ich wieder zum Hof zurück. Ich denke an diesem Tag oft an das hilflose Tier. Wann kommt der Fuchs vorbei? Der arme Hase wäre ihm schutzlos ausgeliefert. Hat er Schmerzen? Oder wird er sich bald erholen und kann davonlaufen. Ich rede mir ein, er ist schnell wieder fit. Aber ich weiß auch, wie grausam die Natur mit ihren Geschöpfen umgeht. Zwei Tage später schaue ich an der Stelle nach, nichts ist mehr zu sehen, kein Blut, kein Fell. Der Hase hat sich erholt und ist auf und davon. Zufrieden versuche ich, die Geschichte zu vergessen.

Eine Woche später, ich besuche die Ponys auf ihrer Weide nahe am Waldrand, stehe ich vor Jörvi. Sein schon recht dickes, graues Winterfell ist verkrustet, rötlich braune Erde klebt daran. Die Pferde lieben es, sich zu wälzen, es ist ihre Art Körperpflege. »Junge, wie hast du dich denn eingeschlammt. Hab ich dich denn gestern nicht so schön geputzt? Komm her, was klebt denn da?«

Schräg auf seiner Kruppe hängt ein besonders dicker Erdklumpen oder ein Stück Baumrinde. Ich will das Teil abkratzen und habe die fein säuberlich abgenagten Beckenknochen eines Feldhasen in der Hand.

URLAUBSFREUDEN

Wenn man in einer Gegend wohnt, wo andere Urlaub machen, wird einem eben dieser von Freunden oft abgesprochen. »Ihr habt es doch so traumhaft, ihr müsst doch nicht verreisen.« Ganz falsch. Wie jeder weiß, bedeutet Urlaub Tapetenwechsel, weg von der alltäglichen Routine und den diversen Pflichten.

Früher waren wir wandermäßig in den Alpen oder Dolomiten unterwegs, »Island-Hopping« in Griechenland galt in unserer Studentenzeit als angesagt. Heute denken wir: Warum in die Ferne schweifen … Der Nordschwarzwald um uns herum ist ein herrliches Wandergebiet, die Ausblicke von Kniebis, Schliffkopf oder Hornisgrinde über die dunkelgrünen Hügelketten sind grandios.

Wie in unseren jungen Jahren packen wir einen Rucksack.

Hatte man damals ein ganzes Gestänge auf dem Rücken, das weit über die eigene Körpergröße hinauswuchs, sieht das heute ganz anders aus. Mein neuer Rucksack heißt *lady air comfort* und will mir sagen, dass er schmal geschnitten, *air conditioned* und sehr bequem zu tragen ist. Das stimmt, wenn man nicht zu viel hineinpackt. Wir haben mittlerweile ein sehr ausgeklügeltes System entwickelt, was man mitnehmen muss, und was man sich sparen kann. In der Regel sind wir eine Woche unterwegs, dann bekommen wir wieder Heimweh nach Haus und Hof. Solch eine Urlaubswoche soll natürlich vom Wetter bis zur Wanderstrecke perfekt werden und so plant Rainer mit viel Spaß und Sorgfalt: Tagespensum zwanzig bis fünfundzwanzig Kilometer, zur Mittagszeit eine zünftige Hütte oder ein gutes Gasthaus auf dem Weg und als Ziel ein sehr schönes Hotel mit Wellness und exzellenter Küche. Klingt schwierig, ist es aber nicht. Wir sind umgeben von Luxushotels und Sterneköchen. Und wir können in einem größeren Zeitfenster den Beginn unserer Tour nach der Wettervorhersage frei wählen.

Der Countdown Stufe fünf beginnt mit dem Aufrufen von »wetter.info«, »kachelmannwetter« und »agrarwetter«. Versprechen uns die drei Portale trockene, teils sonnige Tage, werden wir mutig genug, um Stufe vier zu starten. Unsere Nachbarn Sandra und Joachim wurden schon im Vorfeld informiert und nun angefragt: »Wenn wir übermorgen losgingen, würde das klappen?« »Klar, wir versorgen die Ponys, morgen können wir nochmal alles kurz durchsprechen.« Joachim hat nie ein Pferd besessen, ist aber ein Pferdeflüsterer-Naturtalent und hat alle fünf Isländer souverän im Griff und dabei noch eine Riesenfreude, mit ihnen umzugehen. Sandra hat einen scharfen Blick, wenn es um die Pferdegesundheit geht. Alle Voraussetzungen für den Start von Stufe drei sind nun gegeben. Ich setze mich ans Telefon und buche die Zimmer. Stufe zwei läuft an und bedeutet einen Teil des Hundetrockenfutters zu zwei Hotels zu fahren und dort einzulagern. Jamie braucht morgens und abends jeweils zweihundert Gramm in Tüten abgepackt plus Kaustäbe. Das sind für sieben Tage zu Beginn über drei Kilo. Viel zu viel Gewicht, aber vor allem viel zu viel Packvolumen für den Rucksack, denn eine leichte Hundedecke, ein Trecking-Handtuch, Leine und Napf müssen für Jamie ebenfalls mit. Stufe eins am nächsten Abend erfordert alle Konzentration: Kleidung auswählen und sinnvoll in den Rucksack verstauen. Nach einigen Jahren ist meine Packliste so verfeinert und ausgefeilt, dass nur meine modischen Bedürfnisse von Jahr zu Jahr eine kleine Änderung verursachen. Ein feines Outfit für den Abend reicht, denn jeden Abend sind wir in einem anderen Hotel, sodass kleidertechnische Wiederholungen nicht auffallen. Zum Schluss wird gewogen. Wie schwer ist der Rucksack? Kann noch ein Lieblings-Shirt mit oder nicht? Nein, lieber noch die Brausestäbchen mit dem Traubenzucker gegen plötzlich auftretende Ermüdungserscheinungen. Rainer ist mit seinem Packjob immer ruckzuck fertig. Ich brauche dagegen eine gefühlte Ewigkeit, bis ich meine Auswahl getroffen und meine Ausrüstung verpackt habe. Stufe Zero am nächsten Morgen: Wanderschuhe an, Rucksack auf, Haustür zu, letzter Kontrollblick über die Ponys. »Jamie, es geht los!«

Wandern ist eine wunderbare Sache um durchs Land zu kommen. Bar jeglicher Notwendigkeit sich um Termine oder Transportmittel kümmern zu müssen, läuft man einfach ganz entspannt durch herrliche Natur. Es stellt sich schnell eine Leichtigkeit und Unbeschwertheit ein, und als Folge davon sieht man das, was einen gerade umgibt: ein schmaler, verwunschener Weg, das Licht, wie es durch die Bäume scheint, eine Aussicht hinunter ins Rheintal, die grafisch wirkenden Hügel des Reblandes, eine kleine Holzbrücke über einen klaren Bach, die Schönwetterwolken, die gemächlich vorüberziehen …

Mein lieber Mann sagt, wo es lang geht und ich laufe einfach so mit. Das liegt zum einen daran, dass Rainer immer die richtigen Wege findet und zum anderen, dass ich ein absolut blindes Huhn bin, wenn es um Orientierung in der Landschaft geht. Das Gute an meinem Unvermögen ist, dass wir uns beim Wandern nie um die beste Route streiten. »Hallo, hier geht der Weg lang.« »Ach was, wir müssen noch mindestens fünfhundert Meter geradeaus.« »Das kann doch garnicht sein, schau doch auf der Karte, wir sind genau an diesem Punkt.« »Auf gar keinen Fall sind wir schon so weit, mein Navi hat immer recht.« Diese Gespräche müssen wir nie führen. Welch ein Glück! An besonders schönen Plätzen machen wir Pause zum Fotografieren und Aussicht genießen, und an den zahlreichen Brunnen, die auf unserer Strecke liegen, findet Jamie immer einen guten Drink. Unser Vierbeiner ist natürlich von der Gestaltung unseres Urlaubs jedes Mal absolut begeistert, er weiß schon beim Rucksack packen, dass bald Abenteuer und Spaß auf ihn warten. Und das Unglaubliche ist, er erkennt die Strecken, die wir bei anderen Urlauben schon einmal gegangen sind, sofort wieder und »macht den Weg«. In seiner Wahrnehmung folgen wir ihm, und nur sehr selten schlagen wir eine andere Richtung ein.

Wir Zweibeiner gewinnen von Tag zu Tag mehr an Kondition und steigen die Schwarzwaldberge in zügigem Tempo hinauf. Der sportliche Aspekt unseres Urlaubs ist uns ganz wichtig. »Erst sich schinden und danach verwöhnen lassen.« Das ist der Zauberspruch unserer Art, Urlaub zu machen. Kommt man am späten Nachmittag sehr zufrieden mit sich und der zurückgelegten Wegstrecke im Hotel an, spürt man ab und an seine Beine und kann im Whirlpool und Schwimmbad perfekt für Ausgleich sorgen. Danach darf man sich auf ein sechsgängiges Genießer-Menü freuen. Man hat mächtigen Hunger und deshalb doppelt so viel Freude am guten Essen. Das überzeugende Argument »wir laufen das ja morgen alles wieder ab« beschert zudem einen langen Genuss ohne Reue. Nach dem Abendessen bekommt Jamie, der brav im Zimmer von seinen Abenteuern träumt, noch einen kurzen Ausgang, dann fallen wir alle drei in den Tiefschlaf, begleitet von dem wohligen Gefühl körperlicher Müdigkeit.

Am nächsten Morgen, nach einem grandiosen Frühstück, geht der ganze Spaß von Neuem los. Es ist kaum zu fassen. Bald möchte man die ganze Welt umarmen. Die Natur ist zahm und erfreut uns mit Sonne und Wärme, und die wenigen Wanderer, denen man begegnet, lassen sich gerne auf ein kurzes, freundliches Gespräch ein. Man ist ja seelenverwandt. Die Menschen im Hotel sind gutgelaunt und das Service-Personal liest einem jeden Wunsch von den Augen ab.

Leider müssen wir dieses süße Leben nach einer Woche wieder aufgeben. Was gut so ist, denn der Hirnforscher sagt, die Dopamin-Ausschüttungen lassen mit der Zeit nach. Es sei denn, man kann die Erlebnisse immer wieder toppen. Und das scheint uns unmöglich. So laufen wir zufrieden am Ende unserer Wandertour in unseren Hof ein, begrüßen die Ponys, packen aus und stellen fest: Zuhause ist es auch sehr schön. Wenn wir uns jetzt nicht hinreißen lassen, sofort unsere E-Mails durchzusehen, können wir morgen sanft wieder in den Alltag zurückfinden. Denn wir leben ja dort, wo andere Urlaub machen.

LEBENSRETTER IM EHRENAMT

Als Hundehalter ist man fußmäßig eigentlich immer in einer guten Verfassung und während der Wanderurlaube freuen wir uns über eine Tageswanderstrecke von fünfundzwanzig Kilometern, die wir ohne große Mühe absolvieren können. Unser Nachbar Georg ist vor einigen Jahren den Jakobsweg nach Santiago de Compostella gelaufen, Tagesstrecke dreißig bis fünfunddreißig Kilometer! Uff! Da zieht man den Hut. Den Wettbewerb der besten Wanderer in unserem Ort würden, mit weitem Abstand aber, ganz kleine Sportler gewinnen. Sie sind gerade einmal Daumennagel groß, und ihre Bewegungsmechanik ist mitnichten die eines Langstreckenläufers. Aber mit der unglaublichen Energie in ihren zarten Körpern verdienen sie den allergrößten Respekt.

Es sind junge Kröten. Sie wandern im Juni zu Hunderttausenden von der Nagoldtalsperre schnurgerade durch den Wald, zweihundert Höhenmeter den Berg nach oben und queren nach mehreren Kilometern unsere Weiden und unseren Hof. Eine innere Kraft treibt sie voran, neue Waldgebiete zu erobern, sich zu verbreiten. Jeder größere Ast, jeder Stein, jedes Erdloch oder Gestrüpp scheint ein fast unüberwindbares Hindernis für diese Winzlinge zu sein. Und doch kämpfen sie sich unermüdlich weiter und weiter. Von vielen kenne ich die Eltern recht gut. Persönlich habe ich Vater und Mutter zum Wasser getragen.

»Wir haben schon die ersten gesehen, ich glaube es geht los. Könnten ihre Männer die Zäune aufbauen?« Jedes Jahr, so Ende März, telefoniere ich mit Frau Finke. Sie sitzt im Landratsamt in Freudenstadt, hat den kurzen Draht zum Wasserwirtschaftsamt und schickt uns die Zaunbauer. Drei bis vier tatkräftige Männer treiben kurze Eisenstangen in den Boden, rollen einen fast drei Kilometer langen, dunkelgrünen Folienzaun von fünfzig Zentimeter Höhe aus, spannen ihn stramm und befestigen ihn alle zwei Meter mit einem Hering im Boden. Sie graben dreißig Zentimeter tiefe Löcher in einem Abstand von zwanzig Metern, versenken darin schwarze Plastikeimer und umlegen die Oberkanten der Eimer mit Erde und Grassoden. Was für ein Aufwand. Welch ein Wahnsinn. Unser Krötenzaun ist der längste im ganzen Land. Er läuft die gesamte Talsperre entlang und steht jedes Jahr etwa sieben Wochen zwischen Waldrand und Fahrstraße. »Was treibt ihr da für einen Aufwand, so ein Schwachsinn.« »Die ollen Kröten, einmal mit dem Auto drüber und o.k.«

Wir Amphibienhelfer, fünfzehn an der Zahl, kennen dieses Gerede. Unsere ehrenamtliche Arbeit stößt manches Mal auf Unverständnis. »Ah, ihr rettet sibirische Tiger in den Bergen und Gorillas im Urwald. Wahnsinn! Toll!« »Nein, wir retten Erdkröten.« »Igitt, das ist ja ekelhaft.« Warum haben nur so viele Menschen ein Problem mit Kröten? »Die sind so hässlich und kalt und klitschig und haben einen giftigen Schleim.« Ganz falsch, Kröten haben eine trockene, sehr zarte Haut. Sie sind weder kalt, noch schleimig, noch giftig. Und was heißt hier hässlich! Wer hat schon einmal eine Kröte auf der Hand gehalten und sie sich genau angesehen? Aha, da haben wir's! Keiner, und ganz bestimmt keiner derjenigen, die ihre individuellen Wahrheiten postulieren. Kröten sind faszinierende Tiere, ihre bernsteinfarbenen Augen leuchten extrem hell. Sie sehen auch gut bei Nacht, haben ein beachtliches Orientierungsvermögen, können im Wasser wie außerhalb leben und werden locker zehn Jahre alt. Überzeugt? Nun, leider hilft auch die deutsche Sprache nicht wirklich, die Vorurteile auszuräumen. »Man muss eine Kröte schlucken«, »eine Kröte steckt einem im Hals«, man beschimpft jemanden als »fette Kröte« …

Schluss damit! Kröten sind toll. Mit der Nennung ihres Namens könnte man stattdessen wunderbare Komplimente machen. Er sagt zu ihr: »Du hast die schönsten Krötenaugen« oder »Du ziehst mich an wie eine Kröte« oder »Ich kämpfe um dich wie eine Kröte.« Was soll das jetzt heißen? Sprechen wir einmal über das Liebesleben der mir bekannten Kröten.

Wenn der Schnee geschmolzen ist und die ersten warmen Sonnenstrahlen den feuchten Waldboden treffen, beginnt ihre Wanderung. Sie verlassen ihre Behausung, einen ausgehöhlten Ast, ein kleines Erdloch unter Gestrüpp und machen sich auf den Weg zum Ort ihrer Geburt. Kilometer liegen vor ihnen bis sie die Nagoldtalsperre erreichen. Männlein wie Weiblein laufen bedächtig Schritt für Schritt ihrem inneren Navi folgend. Ist es sehr trocken, oder fällt noch einmal Schnee, rasten sie unter Laub, ein warmer Regenschauer treibt sie schneller voran. Dann, so will es der biologisch geplante Zufall, trifft das Krötenmännchen ein Weib. Sofort ist das Männchen hin und weg und krallt sich die Dame. Das kann man wörtlich nehmen. Er steigt auf ihren Rücken und umarmt sie mit seinen Vorderbeinen. Und er wird sie nicht mehr loslassen, bis die Hochzeitsnacht vorbei ist. Kommt ein zweiter Verehrer zu nahe, wird er mit seinen langen, muskulösen Hinterbeinen nach ihm treten und ihm ärgerliche Abwehrrufe entgegen schmettern. Die klingen in etwa so wie das Rufen von vorbeifliegenden Wildgänsen. Die innige Umarmung soll niemand mehr trennen. Das hat Konsequenzen, schwerwiegende für das Krötenweibchen. Es wird das Männchen huckepack bis zum See tragen müssen. Dafür ist das Weibchen glücklicherweise gut gerüstet. Es ist um einiges größer und stärker als das Männchen. Dennoch, zu zweit wird das Reisetempo deutlich langsamer, und für die letzten hundert Meter bis zum See muss die breite Fahrstraße überquert werden. Die beiden haben keine Chance. Keine Chance, wenn wir Amphibienhelfer nicht ins Spiel kämen und unser drei Kilometer langer Krötenzaun.

Unser Zaun bewahrt jedes Jahr mehr als zehntausend Kröten davor, auf dem Weg zu ihren Laichplätzen von Autos überfahren zu werden. Die Zahl kenne ich ganz genau, weil wir eine Statistik führen. Wir Lebensretter nehmen unsere Aufgabe sehr ernst, das muss auch so sein, denn die Hochzeitsreisenden sind ganz und gar auf uns angewiesen.

In der Nacht verlassen Sie den Wald und treffen auf den Zaun, der sie vor der Fahrstraße, die dahinter liegt, schützt. Das Krötenweibchen, das natürlich die ganze Verantwortung trägt, läuft an diesem unüberwindbaren Hindernis entlang und sucht eine Möglichkeit geradeaus zum Wasser zu kommen. Ihr inneres Navi sagt: »Dreihundert Meter geradeaus. Dann haben Sie das Ziel erreicht. Das Ziel liegt vor Ihnen.« Ich kann nicht geradeaus! Verzweiflung! Wir alle kennen den Zustand von leichter Panik, wenn wir nicht weiterfahren können, aber das Navi uns genau das befielt. Und die Zeit wird knapp und wir kommen zu spät.

Wo ist denn jetzt die Umleitung? Plomm! Die beiden Reisenden stürzen in einen Eimer. Sie fallen weich auf ein Moosbett, das wir ihnen ausgebreitet haben. Es schützt sie beim Fallen und auch vor den Sonnenstrahlen bei Tagesanbruch. Denn ihre Reise geht erst am Morgen weiter. Bis dahin sitzen sie fest und suchen Schutz unter der Moosdecke. Plomm! Plomm! Sie sind in dieser Nacht nicht die einzigen Wanderer, die in der erzwungenen Warteposition ausharren müssen. Wir Amphibienhelfer kommen am nächsten Morgen auf den Plan. Das Rettungsteam vom Dienst besteht in der Regel aus zwei Mann, wobei mehr Frauen die Liebe zu Kröten teilen. Alle teilen sich die drei Kilometer lange Strecke. Ausgerüstet mit einem großen Eimer laufen wir den Zaun ab, holen die Tiere aus den eingegrabenen Behältern und bringen sie über die Straße oder tragen sie bis zum See.

Morgens am See bei gutem Wetter ist es herrlich: Frühlingsstimmung durch und durch, Schlüsselblumen blühen, Weidenkätzchen überall, Meisen zwitschern und die Wasservögel gleiten sanft über das glitzernde Wasser. In meinem Eimer sitzen dreißig Krötenpaare und fünf Single-Reisende, die ihr Liebesglück noch nicht gefunden haben. Vorsichtig setze ich Paar für Paar ins seichte Wasser. Die Singlebörse richte ich etwas abseits ein. Die einsamen Männchen haben einen derart starken Fortpflanzungsdruck, dass sie die Paare angehen oder sogar die menschliche Hand mit einem Weibchen verwechseln. Schwupp hat man eine Kröte am Handgelenk hängen. Wenn man sanft versucht die Vorderbeine auseinander zu biegen um sich zu befreien, merkt man, wie fest das Erdkrötenmännchen klammern kann. »Hallo, junger Mann, das führt zu einer Fehlpaarung, lass los!«

Sanft schlagen Wellen an das sandige Ufer und alle Tiere laufen ohne Hast ins tiefe Wasser, verweilen etwas – vielleicht spricht das Navi gerade wieder mit ihnen – und schwimmen behände, wie gute Brustschwimmer, mit kräftiger Beinarbeit davon. Manches Männchen auf dem Rücken seiner Angebeteten entpuppt sich als wahrer Turboantrieb. An manchen Tagen trägt man kaum zehn Kröten zum See, und an anderen Tagen führt ein enormer Reiseverkehr zu langen Wartezeiten in den Eimern, weil über tausend Tiere auf ihre Abfertigung warten. Schulklassen kommen und helfen mutig und begeistert mit, neue interessierte Helfer werden eingewiesen. Sonne, Schnee, Regen und Wind, wir sind im Einsatz! Ende April ist keiner mehr unterwegs, der Zaun wird abgebaut, die Eimer aus der Erde geholt und die Löcher wieder geschlossen.

Wir Amphibienhelfer treffen uns noch einmal zum »Krötenfrühschoppen« auf unserem Hof. Rainer und ich laden zu Schorle und Butterbrezeln ein und die Gäste bringen Kuchen oder Hochprozentiges. Wir erzählen uns von den Erlebnissen am See, diskutieren Verbesserungsideen und jeder nennt seine Zahlen. Wie viele Kröten hat wer, wann, über die Straße getragen? Wieviel Zeit hat man für die Rettungsaktion gebraucht? Als Koordinator der Gruppe sorge ich dafür, dass unsere Arbeit am Ende genau dokumentiert ist. »Dieses Jahr haben wir 11.200 Erdkröten, 1.280 Berg- und Fadenmolche und 7 Teichfrösche zum See gebracht und wir haben 76 Stunden ehrenamtliche Arbeit geleistet.«

DAS TIMING MACHT'S

So wie die Krötenaktion den Frühling einläutet, startet mit der Heuernte der Hochsommer. Unsere zwei Hektar große Wiese mit Gräsern und Kräutern, seit Jahrzehnten biologisch bewirtschaftet, ist kräftig aufgewachsen. In der zweiten Juni-Woche beginnt man prüfende Blicke auf Wiese und Wetter zu werfen. »Machen wir Heu oder warten wir noch?« Wir orakeln zu viert, was uns die nahe Zukunft wohl bringen wird. Unsere Freunde Martina und Reinhold besitzen ganz in der Nähe wie wir einen Hof mit Islandpferden und wir machen unser Heu gemeinsam.

Im Gegensatz zu uns musste Reinhold nichts über Landwirtschaft lernen, sondern konnte nach dem Ende seiner Industriekarriere als Elektroniker aus den fundierten Erfahrungen seiner Jugendzeit schöpfen. Er ist auf dem Hof seiner Eltern mit Landmaschinen und Pferden groß geworden.

Unsere Wiese bringt ausreichend Grün und der große, moderne Traktor von Reinhold genug Power und Equipment mit, um exzellentes Heu zu machen. Aber ganz so einfach ist die Sache dann doch nicht. Ehrlich gesagt, kann es ziemlich schwierig werden. Erstens brauchen wir mindestens drei, besser vier aufeinanderfolgende Tage mit sonnigem Wetter und warmen Temperaturen. Warm, aber nicht zu heiß, denn große Hitze kann die Gewitterneigung erheblich ansteigen lassen, dann geht garnichts. Zweitens brauchen wir gut gewachsenes Gras. Warten wir zu lange mit der Ernte, haben die Halme ausgesamt und der bodennahe Wuchs ist bereits schlecht geworden. Mähen wir zu früh, ist das Gras für unsere Islandpferde, die evolutionär auf ihrer angestammten Vulkaninsel an mageres Grün und harte Kräuter angepasst sind, viel zu fett. Wir sitzen also in einer Art Zeitfalle und spielen ein wenig russisches Roulette. Legen wir los oder warten wir noch? Und wenn wir nicht loslegen, wie lange können wir noch warten?

Nun, glücklicherweise geht es nicht um Leben und Tod, aber es geht darum, unsere Tiere mit eigenem, gutem Heu durch den Winter zu bringen. Und wovor fürchten wir uns? Wir fürchten uns vor einem kräftigen Regen, der auf das halbfertige Heu, das ausgebreitet auf der Wiese liegt, niederprasselt. Ein einziger, kurzer Schauer wäre noch zu verkraften, aber mehr nicht. Verregnetes Heu ist ernährungstechnisch wertlos, es riecht schlecht und schimmelt. Kein Tier will das fressen. Die unglücklichen Bauern, denen das Wetter nicht gewogen war, müssen ihr Schnittgut als Biomüll entsorgen und stehen vor der Frage: wo kann ich gutes Heu zukaufen. Wir hatten vor fünf Jahren einen Sommer, in dem etliche Landwirte der Umgebung ihre gesamte Heuernte im Juni auf den Wiesen verrotten ließen. Es gab nicht einmal vier schöne Sommertage in Folge, immer wieder kam ein schwer vorhersagbares, regionales Gewitter dazwischen. Wir hatten bis heute Glück, über unseren Wiesen türmten sich keine dunklen Gewitterwolken auf. Aber unser Glück muss nicht ewig währen.

Deshalb heißt es Umsicht und Vorsicht walten lassen. Täglich erstellen wir mit den Freunden einen Bericht der Lage. »Hast du den aktuellen Wetterbericht verfolgt, also morgen und übermorgen Sonne und Wolken im Wechsel, aber nur zwanzig Grad und danach Schauer. Was meint ihr?« »Ist riskant, ich glaube wir soll-

ten warten.« »Und wie geht es weiter?« »Der Rest der Woche ist schlecht. Aber wir können ja noch ein bis zwei Wochen warten. Dann muss es aber klappen.« »O.k., lasst uns die nächste Woche ins Auge fassen.«

Die nächste Woche sieht besser aus. Wir packen es an. Nachdem der Morgentau abgetrocknet ist, wird die Wiese gemäht. Reinhold zieht mit seinem Traktor, an dem das Mähwerk hängt, seine Bahnen. Da wir immer spät im Jahr und nur einmal Gras schneiden, müssen wir keine Angst haben, ein Rehkitz oder brütende Bodenvögel zu gefährden. Alle sind flügge und längst ausgezogen, sie hatten in unserer hohen Wiese eine behütete Kinderstube. Bald liegen alle langen Gräser flach auf dem Boden und die Sonne arbeitet für uns. Am Nachmittag ist unser Roter Blitz wieder im Einsatz. Er hat einen Kreiselzetter im Schlepptau, der das Gras wie ein riesiger Küchen-Quirl durch die Luft schleudert und ausbreitet. In den nächsten zwei Tagen wird das wiederholt passieren. Jeder Halm muss der Sonne ausgesetzt werden und durchtrocknen. Am dritten Tag stehen wir alle vier in der Wiese und fassen in das geschnittene Gras. Es knistert beim Anfassen und riecht würzig. »Super, das ist perfekt.« Reinhold hat als Profi das letzte Wort und wird mit seinem Traktor und angehängtem Schwader das Heu in langen Bahnen zusammen häufeln. »Herr Morlock kommt um sechzehn Uhr und presst.« »Das haut hin.« Der wichtigste Mann im Moment ist pünktlich. Seine große Landmaschine schluckt das Heu und speit es als fest gepresste Ballen wieder aus. Jetzt nur noch die Ballen in die Scheune bringen und dann haben wir es geschafft. Immer noch ist der Himmel wolkenlos blau und zwingt uns nicht zur Eile.

Es gab Jahre, da haben wir nervös und sorgenvoll die dunklen Gewitterwolken am Horizont beobachtet. Höchste Anspannung damals bei allen Beteiligten und dann die Erleichterung. Juhu! Das Heu ist drin. Jetzt kann kommen, was mag.

Müde sind wir am Abend, überall juckt oder sticht es. Winzige Heuteilchen stecken in der Kleidung. In den Haaren hängt der Staub. Das schweißnasse Shirt klebt am Körper. Dusche, Hunger, Glück. Wir feiern am nächsten Tag draußen am Teich und stoßen mit gut gekühltem Sekt auf die gelungene Heuernte an.

Zwei junge Rehe kommen bei Dämmerung aus dem Wald und laufen vorsichtig und wachsam über die kurze, stoppelige Wiese. Sie vermissen sicher ihr vertrautes Dickicht. Danach kommt der Fuchs, er patrouilliert. Die Wildbienen- und Hummel-Nester sind für ihn als Honig-Fan nun leichter zu entdecken. Morgen werden Milan und Bussard, beglückt über die freie Sicht, hoch oben ihre Kreise ziehen. Mäuse nehmt euch in Acht.

PONYS MIT PERSÖNLICHKEIT

Die Heuballen lagern bei uns und bei den Freunden gut aufgehoben unter Dach. Im Moment wäre das frische Heu giftig für die Pferde. Bakterien und Pilze in großen Mengen sind aktiv. Wir brauchen es noch lange nicht, denn bis Dezember haben wir genug Gras auf den Weiden und müssen kaum zufüttern. Unsere Islandpferde, von Natur aus Frischluftfanatiker, bevorzugen die Open-Air-Menüs. Das Altgras draußen ist beliebter als das Heu drinnen.

Im tiefen Winter, wenn die Ponys dreimal am Tag im Stall gefüttert werden, sitze ich ab und an im Futtergang, weich auf dem ausgelegten Heu, eingepackt in eine dicke Winterjacke und schaue ihnen beim Fressen zu. Es duftet herrlich nach Sommer, und ich erinnere mich an die gelungene Heuernte, die Hitze und das Fest mit den Freunden. Das beruhigende Geräusch, wenn kräftige Backenzähne die Halme zermahlen, hat etwas unglaublich Besinnliches.

Jedes Pferd hat seinen angestammten Fressplatz im Stall und eigene Tischsitten. Svani steht ganz ruhig mit gesenktem Kopf und fast geschlossenen Augen. Er kaut langsam und gleichmäßig und zieht Bündel von Halmen in sein Maul. Er muss ein absoluter Genießer sein. Jörvi daneben kann sich nicht so hingebungsvoll in sein Futter vertiefen. Die Schwester an seiner rechten Seite hat absolut kein Benimm. Sie gräbt ihre Nase in das Heu und wirft es hoch durch die Luft. Sie sucht nach den wohlschmeckendsten Halmen, und so muss Jörvi zusehen, wie Teile seiner Ration durch die Luft fliegen. Was vor ihm landet ist immer o.k., er ist nicht so wählerisch und übersieht großzügig die schlechten Manieren der Stute. Tibra ist sehr wählerisch, sie frisst nur das Allerbeste und auf keinen Fall mag sie Mittelmäßiges. Ja, Madame hat deshalb immer eine tolle Figur. Vielleicht weiß sie um ihr herausragend gutes Gebäude, ihr glänzend braunes Fell und die dichte, dunkle, lange Mähne. Unter den Augen hat sie beigefarbene Lidstriche. Ihr Temperament ist mitreißend und sie kann die beiden Wallache, wenn beide verliebt um sie buhlen, mit links um den Finger wickeln. Ein Teufelsweib mit leider sehr rohen Tischsitten. Kvistur ist von alter Schule und bevorzugt den Seniorenteller. Er braucht ein bisschen pelletriertes Zusatzfutter. Die Zähne sind nicht mehr die neuesten und so konzentriert er sich ganz ruhig auf seine Mahlzeit. Snot frisst systematisch. In Island, auf der kargen Insel auf der sie aufgewachsen ist, hat man früh gelernt, alles zu schätzen und nichts zu verschwenden. Sie arbeitet sich gewissenhaft vom Rand in die Mitte ihrer reichlichen Heumenge vor, und das Einzige, was sie getrost beiseitelegen kann, sind einige harte Stängel vom Sauerampfer.

Klingt das alles nicht zutiefst menschlich. Erst wenn man mit seinen Tieren zusammenwohnt, begreift man, wie komplex ihr Verhalten und wie individuell ihre Charaktere sind. Auch Jamie, Hund, Einzelkind, Wächter, treuer Freund und Freizeitpartner ist eine Persönlichkeit. So wie Rainer und ich. Wir sind eben eine ganz normale, glückliche Familie auf dem Land.

STACHELN UND SCHNECKEN

Da haben wir es wieder! In Hochglanz und schön gestaltet. Ich habe das Magazin »Landlust« seit seinem Erscheinen abonniert. Wir gehören in jedem Fall zur Zielgruppe. Ja, wir bauen auch Nistkästen, Rainer hat mir einen schönen Pflanztisch geschreinert, ich backe Kuchen und koche gerne, wir mögen Apfelbäume, halten Tiere. Nein, ich stricke und häkle nicht, aber ich baue Kräuter, Gemüse und Früchte an. Mein Bauerngarten! Quer durch den Garten! Hof und Garten! Garten im Wandel der Jahreszeit!

Mein Garten hat wohl schon mehr als eine Generation eifriger Landfrauen erlebt. Ein alter Baum- und Buschbestand rahmt ihn ein. Zwei Wege teilen die Fläche in vier Segmente. In der Mitte, wo sich die beiden Wege kreuzen, steht ein kugelig geschnittener Ilex. Seine unteren Blätter bilden als Abwehr gegen Verbiss richtig üble Stacheln aus. Im dritten Jahr meiner gärtnerischen Bemühungen, nach unzähligen, schmerzenden Stichen von den im Winter abgefallenen Blättern, habe ich, ich muss es leider gestehen, das Kugelbäumchen abgesägt. Weg ist gut und vergessen, dachte ich. Aber so war es nicht. Das kleine Ding hat immer wieder neue Ärmchen nach oben gestreckt, die ich mit der Heckenschere abschneiden musste. Ich will leben, ich bin noch da, ich kämpfe! Irgendwann war mein Herz erweicht und mit meinem allergrößten Respekt habe ich dem Bäumchen seinen Ehrenplatz zurückgegeben.

Es gibt einen zweiten Ilex, ein zehn Meter hoher Baum. Er ist im Herbst und Winter übersät mit rot leuchtenden Beeren. Seit unsere Freunde aus England, die immer zur Weihnachtszeit zu Besuch kommen, ihn überschwänglich gepriesen haben – weil seine Zweige auf der Insel eine ganz teure und wichtige Deko zum Fest sind – achte ich ihn ebenfalls hoch. »Deck the hall with thousand hollies …«

Erwähnenswert ist auch ein großer Kirschbaum, möglicherweise hat er sich irgendwann vor langer Zeit selbst ausgesät. Es sind Vogelkirschen, zuckersüß und schwarz, aber ohne rechtes Fruchtfleisch. Zur Reifezeit sorgt der stattliche Baum für hunderttausend dunkelrote Flecken auf unseren schön im Muster verlegten Hofplatten. Fegt man die kleinen Kirschen nicht täglich ins Gras, tritt man sie platt, der Briefträger fährt sie mit seinem gelben Transporter zu Mus, man trägt sie an den Schuhsohlen weiter und auf den Kirschkernen rutscht man aus. Aber die Vögel lieben den Baum und auch die Siebenschläfer klettern durch die Äste.

Dann gibt es noch eine große Zierquitte mit hellroten Blüten im Frühsommer, es ist der Spatzen-Versammlungsbaum, in dem am Abend immer mächtig palavert wird und drei niedere Wachholder-Büsche, Heimat und Unterschlupf für Igel und Kröte.

Mein Lieblingsbusch ist ein riesiger Bauernjasmin, wenn er blüht, verströmen seine überbordenden weißen Blüten einen wunderbaren Duft. Er ist grandios. Einige Fliederbäumchen steuern noch die Farbe Lila bei und die Rosenbüsche Gelb, Rosa, Weiß und Magenta. Zwei Rosen haben wir aus ihrem Dornröschenschlaf erweckt. Sie schlummerten unbemerkt unter zwei großen Eiben. Eiben sind giftig, für Pferde tödlich giftig. Keine Frage, dass wir diese Gehölze sofort nach Kauf des Hofes rückstandslos entfernt haben. Und an deren Platz wuchsen zwei wunderschöne Rosenstöcke auf. Wie lange sie wohl auf ein neues Leben gewartet hatten, ich weiß es nicht. Aber wir haben sie wachgeküsst. Sie danken uns ihre Erweckung mit vielen magentafarbenen Blüten und gesundem Wachstum.

Das war und ist der Bestand in meinem Garten.

Dank der Zeitschriften und Bücher über Bauerngärten weiß ich nun sehr wohl, wie sie auszusehen haben, diese Traumgärten. Allein mein durchaus scharfer Blick sagt mir, dass ich von diesem Ideal mit meinem Stück Land noch meilenweit entfernt bin. Ich bemühe mich. Ich bemühe mich schon einige Jahre und mische Salate mit Ringelblumen, Zwiebeln mit Petersilie, Lauch mit Erdbeeren, Mangold mit – ach je –, welche Pflanze war denn jetzt ein guter Nachbar dazu? Also der Brokkoli ist Starkzehrer und war letztes Jahr wo? Auf jeden Fall darf er da nicht mehr hin. Der Salbei wächst und blüht ganz von alleine, genau wie die Pfefferminze, die seit »Hugo« und stylischem Couscous-Salat nicht genug wuchern kann. Staudenmargeriten und Lupinen in blau und rosa, Pfingstrosen und Akeleien, wunderschöner Frauenmantel, Thymian und Koriander … Alle brauchen den richtigen Platz, müssen nach Höhe, Blütezeit, Blütenfarbe und Form der Blätter intelligent kombiniert, gepflegt und behütet werden.

Ach was, vergiss es! Manchmal ist mein Garten wild und dann wieder für kurze Zeit recht passabel. Ich schneide bunte Blumensträuße, ernte Erdbeeren für Marmelade, Johannisbeeren koche ich zu Gelee für die vielen Linzertorten zur Weihnachtszeit, und Salate pflanze ich in großer Stückzahl. In großer Stückzahl vermehren sich dementsprechend auch die Nacktschnecken. Sie sind in meinem Gartenreich absolut nicht willkommen. Auch nicht das Krähenpaar, wenn es die süßesten Erdbeeren holt, genauso wenig wie die Spatzen-Großfamilie, deren zahllose Mitglieder in meine zarten Kopfsalat-Setzlinge picken. Alle wollen etwas abbekommen. Aber hallo, ich bin als erster dran! Und ich will nicht teilen. Am wenigsten mit den Nacktschnecken. Was kann man tun? Man kann sie nehmen und mit Schwung und guter Wurftechnik zum Nachbarn in dessen köstlichen Gemüsegarten umsiedeln. Unsere Nachbarn sind aber sehr weit weg und selbst bei Erreichen olympischer Wurfdistanz landen die Schnecken immer auf eigenem Gelände und machen sich nach der Landung todsicher wieder auf den langen Fußmarsch zurück zu meinen Salaten. Eine weitere Möglichkeit ist, die klebrigen Fressmonster beim Hundespaziergang irgendwo im Wald auszusetzen. Das klappt logistisch nur dann, wenn man tagsüber absammelt. Schnecken kommen aber erst bei Dämmerung in großer Zahl aus ihren Verstecken, und wer geht schon in der Nacht mit dem Hund eine große Runde laufen. Eine dritte Methode stammt von einer Karlsruher Freundin, ihres Zeichens studierte Ökotrophologin: »Du musst die Schnecken in eine Gefriertüte packen und in die Kühltruhe geben. Dort geraten sie in den Kälteschlaf und erfrieren. Ein sanfter Tod.« Habe ich gemacht, bis zu dem Zeitpunkt, als meine Mutter bei einem Besuch einen vermeintlichen Rindergulasch aufgetaut hatte. Die Zwiebeln in der Pfanne waren schon goldbraun angeröstet, als die seltsam kleinen, länglichen Bröckelchen zu genauerem Hinsehen Anlass gaben.

Sammeln, werfen, aussetzen und tieffrieren, das alles hat sich nicht bewährt. Wir haben in einen Schneckenzaun aus gebogenem Blech investiert. Eine sehr gute Entscheidung. Alle bei Nacktschnecken beliebten Pflanzen gedeihen jetzt prächtig innerhalb des Zaunes, alle Pflanzen, die sie nicht mögen, wachsen außerhalb. Ha!

Ausgetrickst! Meine innere Haltung, was ihre Existenz in meinem Bauerngarten betrifft, ist daraufhin auffallend locker geworden. Es ist mir gelungen diese miesen, schleimigen, gefräßigen, üblen Subjekte freundlich zu tolerieren.

Mit meinem Nachbarn Georg habe ich ein erfolgreiches Joint Venture Projekt laufen. Er hat in seinem Garten ein kleines Gewächshaus aufgestellt. Wir teilen uns die Inhouse-Anbaufläche und die Aufgabe des Gießens und Belüftens. Sehr chic ist es auf siebenhundert Höhenmetern Tomaten und Gurken selbst anzubauen. Aber nachdem das mit den Tomaten wegen »Geschmacklosigkeit« nicht ganz so gut lief, pflegen wir nun in Monokultur einen wahren Urwald hinter Glas. Das ganze Haus ist gefüllt mit großen haarigen Blättern und meterlangen Lianen. Und dazwischen hängen die köstlichsten Mini- und Schlangengurken, den ganzen Sommer lang.

Für das phänomenale Wachstum ist zum einen die konstante Wärme hinter Glas, zum anderen aber auch unser unvergleichliches Pflanzsubstrat verantwortlich. Rainer und ich, oder besser gesagt unsere Ponys, produzieren die Turbo-Erde für Starkzehrer und Rosen. Da unsere Pferde im Stall auf sauberen Gummimatten stehen, bekommen wir einen Mist ohne schwer kompostierbaren Strohanteil. Nach einem halben Jahr Lagerung sind die Pferdeäpfel zu dunkler, schwarzer Erde geworden. Auch unsere Nachbarn düngen gerne ihre Rosensträucher damit. Schönere Rosen gibt es möglicherweise nirgendwo sonst zu bewundern.

Ich hatte schon einmal an eine bundesweite Vermarktung unseres biologisch-dynamischen Pferdemistes unter dem Qualitäts-Label: »Paradiesäpfel für Mutter Erde« gedacht, aber dann doch wieder verworfen.

STILLE

Ich sitze am Teich. Es ist Anfang Oktober, ein warmer Spätsommer-Nachmittag mit wolkenlosem Himmel. Die letzten Libellen fliegen über das Wasser. Um diese Jahreszeit sind sie immer sehr aggressiv und verbrauchen in gefährlichen Luftkämpfen den Rest ihrer Lebensenergie. Ich höre ihre kräftigen Flügelpaare aneinanderstoßen, wenn sie hoch in die Luft schießen. Oft fallen die Unterlegenen auf die Wasseroberfläche. Sie haben nicht mehr die Kraft, sich wieder aufzuschwingen und ertrinken in dem Teich, aus dem sie im Frühjahr entstiegen sind. Auch wenn ich sie rette, was ich tue, ist es nur für kurze Dauer.

Ich warte auf die Schwalben, um diese Uhrzeit kommen sie in großer Zahl zum Trinken und Baden. Sie verbringen ihre letzten Tage vor der langen Reise im großen Schwarm und jeden Tag scheinen neue Vögel dazu zu kommen. Es ist wunderbar still. In unserem Ort gibt es sie wirklich noch, die absolute, wohltuende Stille. Keine Industrie, keine Menschenmassen, jede Autobahn eine Stunde Fahrzeit entfernt.

Man hört sie auch bei Stille nicht kommen. Plötzlich sind sie da, die fantastischen Flugkünstler. Pfeilschnell und lautlos schießen sie mit geöffnetem Schnabel millimetergenau über das Wasser. Der Unterschnabel ist ihre Schöpfkelle, sie trinken in der Luft. Die Badefreudigen dopsen, wie flache Steine, die man schräg über die Wasseroberfläche springen lässt, zwei- oder dreimal ins Nass, schon sind sie wieder hoch in der Luft. Sie stören sich nicht an meiner Anwesenheit und fliegen immer wieder über das Wasser. Dann sind sie alle plötzlich verschwunden. Ob sie morgen noch einmal wiederkommen oder ob irgendjemand das Kommando zum Aufbruch nach Afrika geben wird? Ich weiß es nicht. Wir werden uns wiedersehen. Morgen oder im nächsten Jahr.

EPILOG

Mein Blick geht über den Teich auf die große Weide. Die fünf Islandpferde grasen friedlich auf dem nach der Heuernte wieder aufgewachsenen Grün. Erst vor drei Wochen bin ich mit Tibra, meiner schönen braunen Stute, und mit Svani, meinem Wallach in der Traumfarbe Schimmel, wieder ausgeritten. Es war das erste Mal in diesem Jahr und hat so unglaublich viel Spaß gemacht.

Ich nehme mir noch eines der dicken weiß-blauen Kissen in den Rücken, die Teakbank ist groß genug, um die Beine ausgestreckt hochzulegen. Es ist gut, wenn ich das tue, denn mein Körper sammelt im Unterbauch Lymphe, die sich am Nachmittag in den Beinen staut und noch nicht richtig abtransportiert werden kann. Mein Körper muss noch viel heilen.

Ich hatte Krebs, Gebärmutterhalskrebs. Eine OP im März, dreiunddreißig Bestrahlungen, vier Mal Chemo. Acht lange Wochen. Jeden Werktag ging mein Weg mit fast eineinhalb Stunden Fahrzeit zur Uniklinik nach Tübingen. Ich war nicht mehr Herr meiner Zeit, nicht mehr Herr über meinen Körper und nicht mehr Herr über meine Zukunft. Die Aussage meines Professors wurde zum Mantra, das mich aufrecht gehalten hat: »Ich mache sie wieder gesund.«

Rainer, Jamie, die Ponys, der Hof waren meine Rettungsinsel. Die Reha habe ich abgelehnt. Reha war hier. Und alle Freunde, die mit mir in dieser unnormalen Zeit das normale Leben gefeiert haben, waren für mich unbezahlbare Therapeuten.

Der Krebs ist weg, und ich gewinne zurück, was ich so sehr wertschätze: meinen leistungsfähigen, sportlichen Körper und ein selbstbestimmtes, aktives Leben mit meiner Familie auf unserem Bauernhof.

Viele Bücher habe ich in der Zeit meiner Krankheit gelesen, sie haben geholfen, die langen Wartezeiten in der Klinik zu füllen, sie sollten mich ablenken, erzwungene Pausen auf dem bequemen Sofa zuhause angenehmer machen. Es waren Bestseller, spannend, dramatisch, hochintelligent, beängstigend … Die meisten haben mich in noch bedrückenderer Stimmung zurückgelassen. Ich hätte viel lieber ein Buch gelesen, das mich in eine Geschichte einbindet, die so leicht und unbelastend ist, dass ich gerne darin eintauche. Ein Buch, das mich miterleben lässt, was ich selbst in dieser Zeit so sehr vermisst habe: die Heiterkeit der kleinen Alltags-Abenteuer.

Ich habe mir dieses Buch nun selbst geschrieben. Alles hat sich wirklich so zugetragen. Ich war auf der schönen Reise durch meine Vergangenheit. Wenn die Zukunft genauso fröhlich wird, bin ich ein Glückskind.

ÜBER DIE AUTORIN

Gabriele Gildeggen studierte Grafik-Design und war in der Werbung tätig. Ein Lehrauftrag an einer amerikanischen Universität, eine Ausstellung ihrer Bilder in New York City und ein eigenes Werbeatelier in Karlsruhe folgten. Als freie Künstlerin lebt sie seit 2001 mit ihrem Mann, Collie und Islandpferden auf einem Bauernhof im Nordschwarzwald.

DANK

Besonderen Dank gilt Julia Franze und Ursula Wetzel, ohne die meine Texte nie zum Buch geworden wären.